発達を学ぶちいさな本
子どもの心に聴きながら

白石正久　文・写真
Masahisa Shiraishi

クリエイツかもがわ
CREATES KAMOGAWA

プロローグ

子どものころのこと。小学校を卒業して、はじめて村を出ていく日。村からつづく道を眺め、この道の先の未来はどうなっているのかしらと考えて、ときめきと不安がいっしょになった不思議な気持ちで、胸がいっぱいになりました。

やがて私は、「子どもの発達」という学問と出会い、子どもたちと向きあい、子育ての苦しさに涙するお母さん・お父さんと語りあい、40年近い月日を過ごしてきました。その多くの時間は自分のちからのなさにあえぎ、落ち込み、やがて立ち上がることの繰り返しでした。

この道の先に何があるかと考えた子ども時代とは反対に、今、その道を振り返りつつ、思うことがあります。

自分は何者であり、どう生きたいのかと問いかけても、その答えはありませんでした。暮らしで出会った目の前のことや、求められた仕事の一つひとつを受けとめて、その日々を重ねていくこと以外に、私に人生と呼べるものはありませんでした。いや、そうやって生きてきたことが、私の人生を創ったのだと思います。振り返れば、そこに道がありました。

自分の生きる意味や存在する価値は、自分のなかにあるのではなく、自分を必要としてくれている人によって、あるいは自分の生きる社会が問いかけてくることによって、創られていくのではないかと思います。


北関東の風吹きすさぶ村で生まれた私は、子どものころ、山野と田畑を眺めつつ、寒い風が吹く季節があっても、必ず凍った地面は温み、美しいツツジの花に山が輝く春がやってくること、内陸性の酷暑の日々がつづいても、やがて遠からず霜が降り、錦繍《きんしゅう》に彩られる秋が訪れることを知るようになりました。

今、故郷の丘に立ち、子ども時代をめぐりくる季節とともに育ったことの幸運を想います。自然も、そして生命も、それが守られさえすれば、必ず新しい姿を見せてくれる。その生命あるものへの信頼を、この山野に抱かれて、私は子どものころ心にきざんだのです。そこに、「子どもの発達」を学問のテーマとしてきた私の原点があります。

駆け出しの研究者だったころ、保育所の学習会などにうかがうと、必ず会場から聞かれることばは、「発達を学ぶと保育がつまらなくなる」でした。たぶん、発達を勉強すると、ついつい子どもを、「できるか－できないか」という目で見てしまう。そして子どもと子どもを比べてしまう。それを見透かしたように、子どもの心は逃げていってしまうのでしょう。そういう悪循環に陥ったときには、「発達を学ぶと保育がつまらなくなる」のだと思います。たぶん私は、そんな感想を抱く「発達」を、親、保育者に押しつけていたのです。

発達とはなんでしょう。英語で、発達はdevelopmentと言います。この語源は、disという否定の意味の接頭辞deとvelop「包む」であり、包みを開いて中身を展開していくというevolveの意味をもっているそうです。つまり、もって生まれた可能性を外に解き放っていくというのが、発達の本来の意味です。その内なるものは、おとながこじ開けたり、ひっぱり出したりするのではなく、花芽が膨らみ、暖かい陽射しのもとでほころんでいくように、人間らしい愛情と適切なはたらきかけによって、花を開かせていくのです。

人間の内なる自然と言ってもよい発達の可能性と、そして人間のつくってきた育児、保育、教育という外なる営み。この二つのどちらかに偏るのではなく、どちらも大切にして、そして二つがいいハーモニーになるように、私たちおとなは、子どもとの関係をつくっていきたいと思います。その子どもとの関わりがよいものであったかどうかを教えてくれるのは、きっと子どもです。ほんとうのことは、子どもが教えてくれるのです。本書が子どもの発達を助けるちからになるかどうかも、きっと子どもが教えてくれるでしょう。そんな気持ちで書き進めていきたいと思います。

私は、大学と発達相談の実践において、田中昌人先生、田中杉恵先生の発達理論（可逆操作の高次化における階層－段階理論）に学びました。したがって、本書の記述の多くはその学びに依っています。

もくじ

第１章　子どもを育てるということ

「セロ弾きのゴーシュ」が教えてくれること

宮沢賢治の「セロ弾きのゴーシュ」（1934）は、子どものころ読んだ憶えのある童話です。ゴーシュは、町の活動写真館でセロを弾く係でした。けれどもなかまの楽手のなかではいちばんへたで、楽長に叱られてばかりでした。

ゴーシュは、少しの畑を耕しながら壊れた水車小屋で暮らしていました。セロもオンボロで、それに八つ当たりしたくなるのでした。

10日後の演奏会のためにセロの練習に励んでいると、毎晩それぞれの苦労をもった動物がやってきました。眠れないのでシューマンの「トロイメライ」を聴かせてほしい三毛猫、ドレミファを正確に教えてほしいカッコウ、小太鼓の調子をあわせてほしい狸の子、そしてセロの音で病気の子どもを癒してほしいと哀願する鼠のお母さん。ゴーシュは自分のことでせいいっぱいなので、迷惑な訪問者に腹をたて、みんなに

意地悪なことを言ってしまうのでした。でも、いつも彼らの願いを聞いてしまう「お人よし」でもあったのです。

けっきょくゴーシュは思い通りに練習できなかったのですが、本番の演奏会は拍手に包まれて大成功でした。そして、楽長に指名されて「アンコール」に応えたのはゴーシュだったのです。「10日前とくらべたら、まるで赤ん坊と兵隊だ。やろうと思えばいつでもやれたんじゃないか」と楽長にほめられました。「よかったぜ」、なかまもみんなそう言ってくれました。招かれざる訪問者の要求が、ゴーシュを立派なセロ奏者に仕立ててくれたのです。

賢治は、この子どものための物語に、どんな思いを込めていたのでしょう。彼の手帳に書き残されていた詩「雨ニモマケズ」は、「サウイウモノニ　ワタシハナリタイ」と結ばれています。賢治にとっての「サウイウモノ」とは、「慾《よく》ハナク」、東西南北に行って苦しむ人を気遣い、「ホメラレモセズ　クニモサレズ」、まさに「お人よし」と呼ばれる人のことでした。

私たちはみな、それぞれの「サウイウモノ」になりたいという願いをもっています。しかし現実は、ちからのない不器用な自分であり、苦しい生活があり、そして他者との葛藤もあり、ついつい我を張ってしまう自分であったりします。大切な願いや夢があったとしても、私たちは日々、これらの逃げることのできない現実と向きあいながら生きるしかありません。しかし、その現実のなかでいらだち苦しんでいた自分が、あるとき願いに近い自分になっていることに気づくのでした。

ゴーシュの物語に寄せて、私は二つのことを想います。一つは、今まさに人生を歩みはじめた子どもたちと重なること、もう一つは、その子どもたちと生きる私たちのことです。

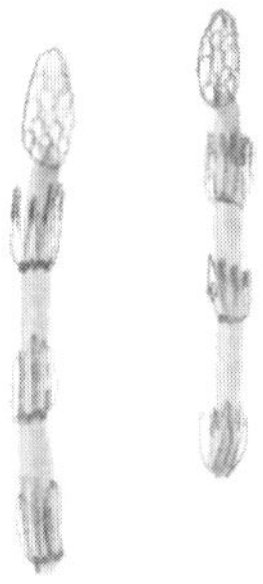

2 発達とは矛盾をのりこえること

どんなに幼い子どもでも、それぞれの発達の時期において、その時期らしい「こうしたい」「こうなりたい」という願いをもっています。

生後1～2か月ころは、向き癖の強い時期です。オッパイを飲ませてくれたり、やさしい声と顔であやしてくれる人を大好きになるのですが、声は聞こえても顔が見えないこともあります。それでもあかちゃんは負けないで、くびを回し、向き癖に打ち克って、その人の顔を探すのです。見つけたときには、ほほえみがこぼれます。この時期のあかちゃんの笑顔のうちには、この自分の現実に打ち克ったよろこびがあるのでしょう。

やがてお座りができるようになれば、手が自由になって、いろいろなものをつかんで遊びたくなります。片方の手で握ったものを他方の手に持ちかえたり、他方の手でもう一つのおもちゃを取ろうとするのです。ところが、それをつかんでしまうと、せっかくはじめに握ったものが、ポロっと手から離れ落ちてしまいます。手は二つあるのに、同時に握ることができないのです。子どもは、その現実にイライラします。でもけっしてあきらめないで、もう一つにも手を伸ばして、なんとかつかもうとするでしょう。その苦労はやがて実をむすんで、両手に握れる日がやってきます。そのときのうれしい気持ちが、両手のものを打ち合わせる「チョチ・チョチ」遊びの笑顔になるのです。

「こうありたい」と自分へのイメージをもつようになる3歳は、自分の能力には制限があると感じ、引っ込み思案になったり反抗を強めたりする時期です。3歳児健診では「大 - 小」などの対比を理解しているかが問われますが、子どもは「大きい」自分になりたいと願いつつ、「大きい」と認められるかを心配しているのです。保育所にお迎えにきた父母に、「まだ帰らないの！」と大泣きの抗議をすることもあるでしょう。「大きくなった自分」として意思を尊重してほしいのです。

このように子どもの発達には、心の葛藤の強まる時期があります。この背景にあるのが、発達への願いと現実の自分との「ずれ」である「発達の矛盾」です。そのとき心を支配する不安や「情けなさ」によって、子どもは「わがまま」を言ったり、わざと叱られることをしたりします。ハンカチや人形を手放せない「くせ」をもったり、お決まりの絵本を読んでもらわないと次には進めなかったりします。それらのおとなにとっての困ったことは、子どもが自分のちからで矛盾をのりこえるための「心のツエ」でもあるのです。

よりよく生きることを願い、それゆえに矛盾に立ち向かおうとする子どもたち。そんな心が見えたとき、おとなはその願いの尊さ、矛盾に立ち向かうたくましさを感じて、小さいながら尊敬に値する姿として受けとめることができるでしょう。

3 子どもとおとなの「発達の共感」

思い通りには動かず、育ってくれない子どもの姿に、私たちは疲れてしまうこともあります。この「思い通り」の「思い」とは、子どもが「よき姿」になってくれることへの期待であり、そういった姿に育てられる親や保育者でありたいという希望でもあります。しかし、現実の子育てや保育は、そのようにはなりません。

いらだつときには立ちどまり、一歩しりぞいて、小さいからだと心に宿る子どもの「発達の矛盾」について想像したいのです。子どもの目に見える姿の背後にある「ほんとうの願い」を心の耳で聴き、そして受けとめたいと思います。

そうすることは、むずかしいことではありません。おとなもまた、「よりよく生きる」願いをもって、日々の労働と暮らしを送っているからです。そして、思い通りにはならない現実と向きあい、自分への「情けなさ」を抱いて生きています。

人間は、おそらく何歳になっても自らの「発達の矛盾」と向きあい、それをのりこえていこうとするのです。

振り返ってみれば私も、「とりあえず、とりあえず」と自分に言い聞かせ、日々の困難に立ち向かって小さな前進を積み重ね、いつのまにかここまで歩いてきたというのが実感です。気がついたときには、それがほかならぬ「自分の道」になっているのでした。発達は、果てしなくつづく人生という道を歩いていくことでもあります。

つまり発達とは、子どものことばかりではなく私たちのことでもあるのでした。子育てや保育には、子どもとおとなの間に生まれる、ともに「発達の矛盾」に立ち向かうものとしての共感、つまり発達の共感が必要です。

4 語りあい 学びあうために

この本を読んでくださるかたは、お母さんお父さんばかりではなく、保育士や教師として働いているのかもしれません。子どもへの深い愛情をもって仕事に就き、いつまでも働きつづけたいと願っていることでしょう。しかし、人手が足りず、限られた環境のなかでの保育に追われ、「保育計画」や「指導計画」の作成を急かされ、保護者と向きあうことのむずかしさに心が疲れてしまっているかもしれません。子どもはすてきな笑顔も見せてくれますが、ときに怒りをあらわにすることもあります。「なんで自分のすることはうまくいかないのか」、そう考えると眠れぬ夜もあるでしょう。その問いと、「子どもの願いをわかりたい」という願いを大切に、「とりあえず」働いていこうではないか。私は、若いみなさんにそう伝えたいと思います。

「なんでうまくいかないのか」。そう思ったときの、ことばにならないことばで語りかけてくる子どもの姿を記録し、そのことへの自分の思いを書き加えてみましょう。そして同僚にその気づきを語ってみたり、実践のなかで気づきの内容を修正しながら「レポート」にまとめて、保育の研究会などで報告してみましょう。その場での議論に、自分の至らなさを感じることもあるでしょうが、「子どもの願いをわかりたい」というのは孤独な思いではないことも知り、勇気づけられていきます。

「ゴーシュ」が、招いたわけではない訪問者によって立派なセロ奏者に仕立てられたように、保育士や教師は子どもや保護者との「発達の共感」によって育てられていくのです。「ゴーシュ」には、ともにがんばり、心からよろこんでくれる楽団のなかまがいたように、保育士や教師にも、思いを語りあい、互いの思いをわが思いとして受けとめてくれる真実のなかまが必要です。本書が、そういったなかまの輪のなかで手渡され、読まれていくならば、うれしいことです。

第2章

1枚の写真から

発達をはぐくむ目と心

「しかたがない、がんばろう」

子どもの記憶は4歳ころから残ると言われていますので、そのころ私も4歳だったのでしょう。上州（群馬）名物「空《から》っ風」を突いて、私をおぶった母親が必至で自転車を漕いでいました。私には、これから連れて行かれるところへの「不吉な予感」がありました。それは的中し、街に入るやいなや自転車は見覚えのある医院の前で停まったのです。高熱を出した私を背負って、母は長い山道を疾走したのでした。

クレゾールのにおう待合室で「いやだよ」「もう帰る」と私は叫びつづけました。母は、どう説得しても抵抗するだけであろうわが子にたいして、「おつかいに行こう」とだけ告げて自転車を走らせたのです。

4歳児は、自分の成長をとらえられるようになっているので、「大きくなった」存在として尊重してほしいのです。しかし、一気に聞き分けがよくなるわけではない子どもにたいして、問

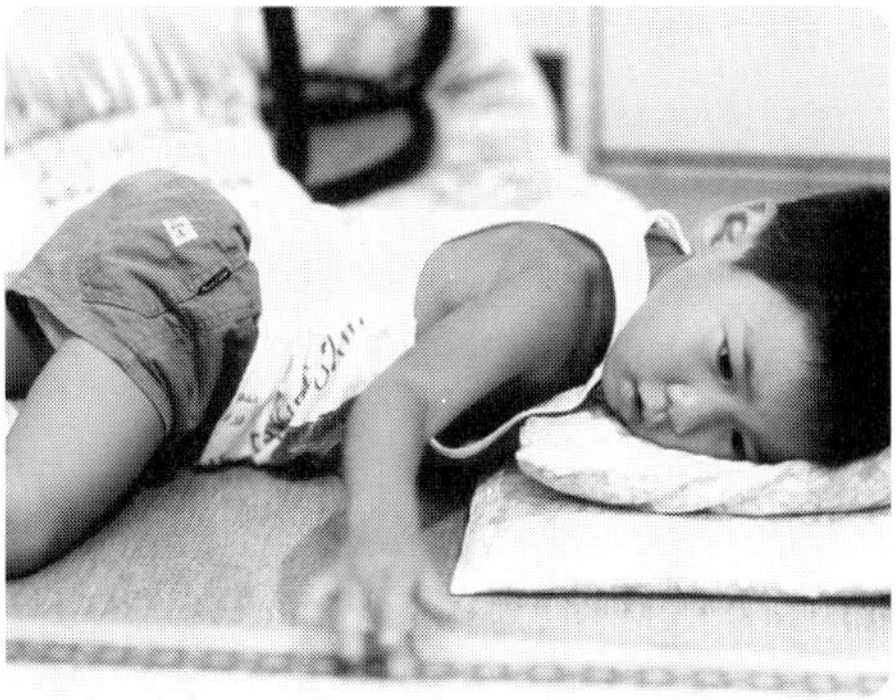

地団駄踏んでも、そのままのわるい自分で終わらせたくない。その心が指先の動きに現れ出る。

答無用になってしまうのは、わが母だけではないでしょう。

しかし、記憶に残る4歳の私は、地団駄踏むばかりではありませんでした。しゃくりあげ袖で涙をぬぐいながら、検温を受け入れ注射に耐えたのです。わがことのようにいっしょに痛みに耐えてくれようとしている母を許し、「しかたがない、がんばろう」と立ち上がったのでしょう。

子どもにも、周囲の人間や環境との間に生じた葛藤にたえて、「しかたがない、がんばろう」と自分を立ち直らせていくときが来るのです。それからの人生において、「しかたがない、がんばろう」と自分に言い聞かせることが、いったい何度あったことでしょう。人生の節々は、「しかたがない」と状況を受けとめることからはじまるのだと思います。

人間には自ら立ち上がろうとする心のはたらきがあることを、私は信じたいと思っているのです。

2
「向き癖」をのりこえるあかちゃん

「絶壁」といわれる人、丸い人。頭には個性的な形がありま す。実はあかちゃんの頭は柔らかいこともあり、左右の「いびつさ」も見られます。なかでも生後4か月ころまでは、頭や全身に左右一方を向く「向き癖」があり、頭には「かたはげ」があったりします。子どもの意思ではない原始反射が現れ出ているのです。

ほほえんでくれるようになったあかちゃん。でも、この「向き癖」のままでいるときにはニコニコは少なめです。あかちゃんなりに、からだと心の自由を抑えられている感覚があるからでしょうか。

そんな不自由さはあっても、大好きな人の声が聞こえたならば、がんばってくびを動かしてその人の顔を探そうとするでしょう。こんな小さいあかちゃんでも、自分の心をわが心として受けとめてくれる存在のことをわかっています。その人の

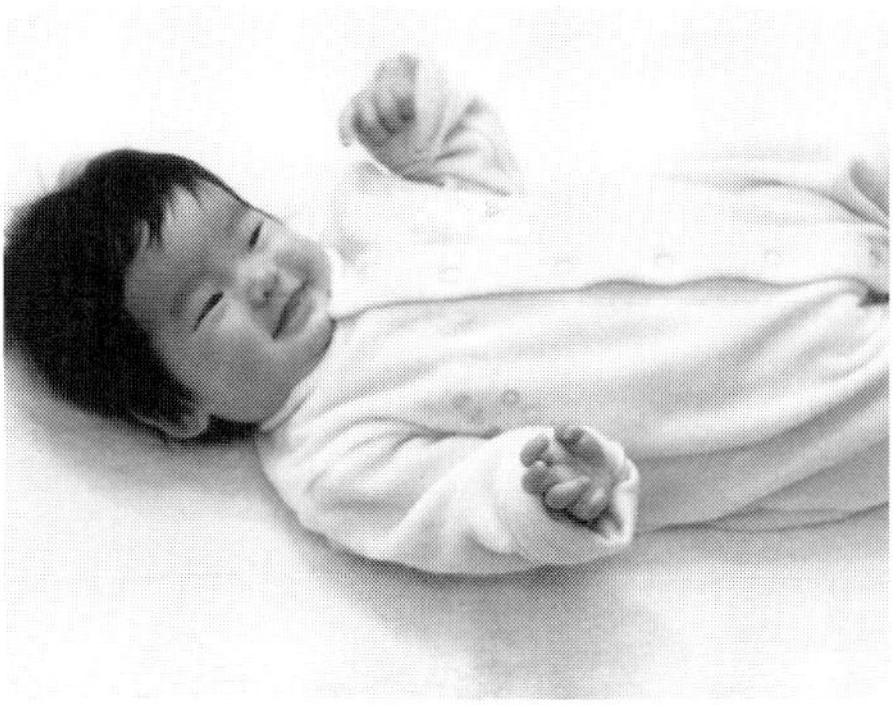

「向き癖」をのりこえてお母さんを見つけたよろこびの笑顔。

顔を見つけたときには、それ以上ない笑顔で気持ちを表現してくれます。お母さんはその笑顔がうれしくて、あかちゃんの名前を呼びながら満面の笑みを返すことでしょう。そこに「人を求めてやまない心」は育つのです。そうやって右も左も向けるようになって、頭の「いびつさ」も直っていきます。

そこに、「向き癖」に立ち向かう、小さいなりにしっかりした心を発見することができるのです。からだと心の自由を縛るものを、意志によってのりこえていこうとする人生が、ここからはじまります。

「人を求めてやまない心」のように、誰かを求め、つながり、心を通わすことができるからこそ、不自由さに負けないで、それをのりこえようとする心をもちつづけることができるのでしょう。

3 人見知りのほんとうの意味

一人で座れ、寝返りもできるようになったあかちゃん。このころから、知らない人が抱こうとすると泣き出してしまいます。視野が広がりいろいろなものを見つけてその違いがわかりはじめるので、身近ではないものに不安を感じるようになるのでしょう。人見知りはよくないことのように思われますが、1歳6か月児健診で「あかちゃんのころ、人見知りはありましたか」とたずねられるように、大切な発達の里程標なのです。

ところで、人見知りしてどんなに泣いていても、怖いはずの顔をそっと見ようとしませんか。見たら怖くなってお母さんの胸に顔を埋めますが、また見ようとします。まさに「怖いもの見たさ」です。実は、怖いばかりではなく、新しい出会いに心ひかれているのです。でも怖い。

その矛盾した心をのりこえていくために、なくてはならないもの。それは、不安な心をドンと支えてくれる存在です。だか

「怖いもの見たさ」で見ているうちに、「この人だいじょうぶかもしれない」と思えたのでしょう。お母さんは笑顔で見守っていました。

らその人が、自分から離れていってしまうのが怖くて、「分離不安」が強くなるのでしょう。

発達の途上において何度か、思いはあれど現実はついていかない矛盾した心がやってきます。そのときにはいつも、「きっとだいじょうぶ」と支えてくれる人を求めているのです。

「きっとだいじょうぶ」と強い心をもって子どもを支えるためには、おとなの側に発達への楽天性が必要です。その子どもへの信頼は、自然に生まれてくるのではなく、子育ての知恵として教えられ、子どもを育てるなかで自分らしい子どもとの向きあい方となっていくものです。

おとなも、子育ての知恵と勇気を与えてくれる支えを求めています。「支えるものが支えられる」。それが当たり前になるように、「子育て」の苦労を支える国と社会を創っていきたいと思います。

4 なにごとも不思議と思う心

「人見知り」の時代をのりこえた子どもたち。恐る恐る未知の世界に船出していきます。「きっとだいじょうぶ」と不安な心を支えてくれたおとなは、「母港」のように子どもの心が帰ってくるのを待つ存在になっていきます。

未知の世界の探検では、発見したものに手指を伸ばし、自分のものにしようとするのです。なかでも人さし指が、子どもの心の向かう先をさし示していることでしょう。そこに「指さし」が生まれます。子どもは、それを受けとめてくれる人がいるときだけ、指さしをするそうです。人さし指が、思いを伝える手段として、「ことばの前のことば」という大切な役割を担うようになっているのです。

散歩の道では、バギーの上から、あるいは「よちよち歩き」でいろいろ見つけ、指さしで教えてくれます。いっしょに歩くおとなは、子どもの目の高さに下りていって、その発見をとも

命の大切さを守るために、私たちの歩くべき道を教えてくれるような「指さし」。

によろこぶことでしょう。そうすればきっと気づくのですが、おとなが目にとめないようなアリ、アスファルトの割れ目から咲いたタンポポ、戯れる小鳥など命あるものを、子どもの人さし指はとらえているのです。

これを「なにごとも不思議と思う心」と呼びましょう。現代、輝く人工物や映像が子どもの世界のなかで比重を占めるようになりましたが、そこに命あるものの創り出す多様さ、あたたかさ、はかなさがあるでしょうか。

「ほんとだねぇ、アリちゃんおしごとしているねぇ」。子どもの心をわが心としてともに感じる存在があってこそ、命の不思議さにひきつけられる感性は育ちはじめます。そのときおとなも、子どもによってほんとうの心を取り戻しているのかもしれません。

5 「だだこね」のほんとうの意味

見るものすべてが新鮮な世界で、発見のよろこびを「指さし」で伝えてくれるようになった子どもたち。指さしは、ほしいものを伝える要求の表現にもなっていきます。でも子どもにとって、現実は思い通りにはなりません。「ダメ」「アカン」などと言われるので、寝転がって応戦する「だだこね」をするようになります。

この写真の子は、棚の上に見えるバナナが食べたいのです。しかし先生は「給食が終わってからね」とおとなの願いを伝えます。だんだんお互いが自分の要求にとらわれて、相手の思いを拒絶することしかできなくなってしまうのです。

「だだこね」しながらも、おとなの反応をうかがう仕草を見せることはありませんか。「わたし」と「あなた」の要求を心のなかで並べつつ、心を切りかえようと葛藤するちからが育ちはじめているのです。それは「わたし」と「あなた」の折りあいをつける努力でもあります。なのに「ダメ」の一言によって、「わたし」と「あなた」は反発しあう

この後、バナナをひとくち食べさせてもらってから、給食も美味しくいただきました。

だけの関係になってしまいます。これを「閉じた対《つい》」と私は呼びました（拙書『やわらかい自我のつぼみ』）。「対」とは二人の関係のことです。バナナが何よりおいしく見えるのは、子どもにとって当たり前です。ましてご飯の前にバナナを見せてしまったのはおとなのです。「見ちゃったんだから食べたいよね」。そう受けとめてもらえたときに、「ご飯も食べてみようかな」とおとなの願いを受けとめる「心の器」はつくられていきます。

私たちおとな同士の関係にあっても、相手の願いを受けとめることはなんとむずかしいことでしょう。いつも私たちは、どう相手に自分の意思を受けとめさせるかを考えています。でも、きっと、相手のことばに耳を傾けることができるようになったときに、状況はよい方向へ変わっていくはずです。

「統《す》べ合わす」、つまり心を一つにしようとするちからを、人間はもって生まれてくるのですから。

6 小さな積木を積み上げるように

「だだこね」を繰り返す1歳児のなかでは、復元力という大切な心が育っているのです。そのことが純粋に表れるのは、小さな積木を積み上げていく姿のなかではないでしょうか。

指先の調整に心を集中しているときには、その表情だけではなく、もう一方の手指の動きにも、真剣さが乗り移っています。でも、そんなにがんばって積み上げようとしても、積木は崩れるために存在しているようなものです。崩れたら、心が折れてしまって、お母さんお父さんにさし出して、代わりに積んでもらおうとするでしょう。机の上から払い落としてしまうかもしれません。

だからこそ、一つひとつを応援し、共同作業としてひき受けてくれる人に支えられて、再び子どもの心は立ち上がります。そうして、ぜんぶの積木を積み切ったとき、その「偉業」をたたえてほしいのです。そのとき、きっと子どもには、目

1歳6か月児の積み切ることへの飽くなき追求。

の前の世界が大きく開けて、新しい発達の地平が見えてくるでしょう。その景色のなかで、新しい可能性を追求してみたくなります。たとえば「今度は並べてみようかな」「トラックの形を作ってみようかな」と。

願い通りにはならない状況、変わりばえしない自分の現実はあっても、「とりあえず、とりあえず」と言い聞かせて、その一歩を大切に歩んでいけば、あるとき急に新しい景色が開けてきます。振り返ればおとなも、小さな積木を積み上げるように人生を歩いてきました。

ものごとには、小さな積み重ねがあることによって、やがて大きな変化につながるという法則が貫かれているように思います。そのことをわかりあい、「小さなことからコツコツと」と励ましあうなかまの存在が必要です。

7 「大きい自分になりたい」

「白いご飯よりもバナナが食べたい」。この正当な要求を「受けとめる」ことの大切さについて、5の「だだこね」の心で述べました。ほんとうにほしいものやしたいことがあり、その要求を受けとめられるからこそ、子どもはやがて「がまん」のほんとうの意味や大切さを知るようになるのです。

それだけではありません。「〜より…がよい」という欲張りな心があるからこそ、「小さい」より「大きい」がほしい、「一つ」より「二つ」がよいと要求するようになります。ものごとを対比すること、そして「大きい」「たくさん」を要求することが、3歳児の心の特徴となっていきます。

保育所に通う子どもならば、自分より小さい友だちの着替えに手を出してみたくなります。保育士のようにふるまい、「大きい自分」になりたいのです。自分はおとなに手伝われることを嫌い、「大きい自分」として尊重してほしくなります。

この後、友だちのくびをしめてしまうことになりました。

その子どもにたいしておとなは、「なんでそんなややこしいことをするの」「早く…しなさい」を連呼します。その不当な扱いに、せいいっぱいの抗議の涙を流すことも増えるでしょう。

このころの子どもには、「時間」の概念も「段取り」もありません。悠久の時のなかで、「大きい自分」になりたいだけなのです。そして「大きい自分」になれたと納得したときに、自分の活動にピリオドを打つことを覚えていきます。

子どもの要求は、ときに煩わしいものですが、実は発達の推進力なのです。おとなは、「ややこしい」ことにイライラする自分の心を、正当なものとして受けとめつつ、他方で子どもの要求を宝物のように見つめられる二つのまなざしももちたいと願います。

8 子どもの情けなさに心を寄せて

「大きい自分」になりたい心をもった3歳児。発達への願いを高めていくときには、思い通りではない自分の現実や他者との葛藤と向きあうことになります。

ものごとを「大－小」というように対比してとらえるようになるので、他者との比較で自分を意識するようになります。保育所の「朝の会」で、みんなのなかで「ご返事」するのはとても勇気のいることです。

リズム遊びの輪に入れないこともあります。そんなときには指をくわえたり、何かを握りしめていることが多いでしょう。そうやって、葛藤をのりこえるためのエネルギーを吸収しようとしているようにみえます。発達心理学者の田中昌人さんは、このような「くせ」にみえる行動を、発達の道すじを一歩あゆみ出すための「心のツエ」と言いました。

子どもがしりごみしているときに、おとなは「もう一度お

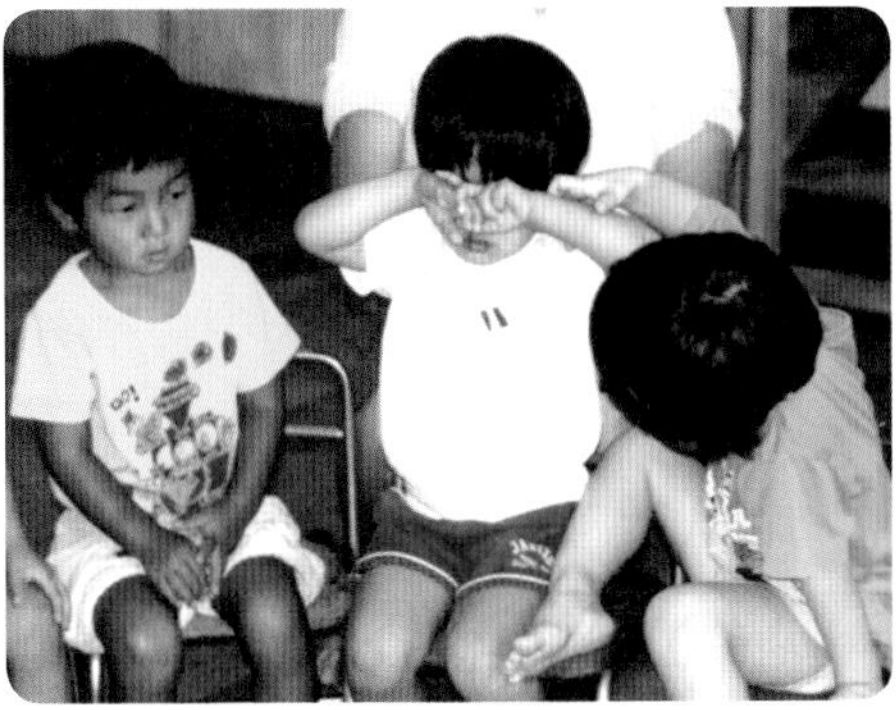

「お友だちのようにご返事できるかしら」

名前呼ぶからね」などと同じことを要求してしまいます。その心には、期待通りに応えてくれない子どもへのいらだちがあるものです。きっと子どもは、そのおとなの心を感じ取って、自分への情けなさを増幅させていることでしょう。

おとなは、そんな自分の心に気づいたら、視点を転じて、高いハードルと向きあう子どもの心の側に立ってみましょう。「ご返事」ができなかったとしても、大好きな象さんのお鼻の真似ならしてくれるかもしれません。子どもが「大きい自分」になるために通る道は、一つでなくてよいのです。

「大きい自分」になれずに、悲しく、情けない思いをしている姿にこそ、尊敬すべき心のたたかいが隠れています。その苦悩に値する人間になるために、子どもは発達の道すじをいっしょうけんめい歩いているのだと思います。

9 「価値」に目覚める

「大きい自分」になりたいゆえに「至らぬ自分」と向きあう3歳児。その葛藤を支え、発達の飛躍を準備してくれるのは何でしょう。

写真の女の子が、砂場で落ち葉を使って作ってくれたのは「カレー」です。「昨日、カレー作ったよ。お母さんと包丁でジャガイモを切った。お父さんが帰ってきて、さっちゃんの作ったカレーはお母さんのよりおいしいって言った」。

子どもにも「伝えたくなる生活の事実」があります。葉っぱや砂、ままごと道具などを使って本物に見立てたり、やっと描けるようになった円や線をつないだりして、うれしかったことを表現するのです。この女の子は、包丁でジャガイモを切れたのがうれしかったのでしょう。でも、きっとそれ以上に、お父さんの一言をカメラマンに伝えたかったのです。

お父さんが「おいしい」と言ってくれるようなすてきなも

「カレーライス、三つ作ったよ」

のを作れたよろこび。そこには、他者にもよろこんでもらえる「価値」という性質に目覚めた心があります。

だから、保育所の「クッキング」で作ったホットケーキを自分たちで食べるのもうれしいでしょうが、お皿に載せて園長先生に運んでいって、「バターの味がいっぱいしておいしいね」とよろこんでもらえたら、コックさんになれたような心境になります。きっと、お家に帰ってから、そのことをお母さん、お父さんにお話ししたくなります。

これからつづく長い人生。生きること働くことには苦悩も多いですが、互いの創り出す価値を認めあう人と人との「つながり」のなかで、のりこえていけるでしょう。

この子らの生きる未来が、すべての人の存在を認めあえる社会になるように、私たちもがんばりましょう。

10 「くやしいけれど、がまんがまん」

写真の男の子は４歳です。大切なおもちゃを友だちにとられてしまいました。頭の後ろに手をやって、じっとしています。実は、手には木片が握られているのです。それを友だちに投げつけてしまいそうなので、頭に押し当ててこらえているのです。自分の心にも手を当てて、その爆発を抑えようとしているのでしょう。愛しい思いをもって、その姿を抱きとめたいと思います。

「きっとガミガミ母さんに戻ってしまうでしょうが、この子の写真のおかげで、３日くらいはやさしい気持ちでわが子にも向きあえるように思いました」。保育所の保護者学習会でこの写真をお見せしたときの、あるお母さんのことばです。

「終わりよしとしたい」思いはあれど、行動がそれについていかなかった3歳児。実は、そのときの苦悩にこそ大切な意味があったのです。行動の善し悪しではなくて、心のなかの

この後、我慢できなくなった瞬間に、先生がやさしく抱いてくれました。

がんばりを認めてくれる人間関係のなかで、子どもは自分のがんばりを心にきざみ込んでいきます。そして自分の心をコントロールし、困難をのりこえていこうとする「自制心」を芽生えさせるのです。「光り輝く4歳児」と言われるゆえんです。

実は「おとなになったな」と感じるその4歳児の姿にも、新しい苦労が生まれています。「朝は『こんにちは』じゃなくて、『おはようございます』よ」などと言われると、大泣きしたり乱暴なことばを発してしまうのです。「こうしなければならない」というのはじゅうぶんわかっているのに、そのことをおとなから指摘されると、「光り輝く4歳児」としての自尊心が傷つき、心がキレてしまうのです。

発達はつねに新しい願いを生み、そのことが新しい「発達の矛盾」をひきおこします。それは、成長した姿の裏に、また新しい苦労が生まれているということです。

ほめるに値する自分

昼寝から目覚めたのに、家のなかには誰もいない。そんなときにも「お母さんはお買い物に行ったのだ」と自分に言い聞かせ、涙をぬぐいながら耐えた日のこと。誰しもがおとなになっても思い出す、幼き日の一コマです。

くやしいけれども、さみしいけれども、「がまん、がまん」と心でつぶやく4歳児。そんな「がまん」を糧として、子どもは「大きくなった自分」に誇りを感じるようになります。

「あかちゃんのころは泣き虫だったよ。今でも泣き虫だけど」と本のページに残る自分を指さしながら、写真に納まってくれました。この子は5歳になったのです。自らを振り返りながら、「だんだん大きくなってきた」ことがうれしいのです。「きのう」より「きょう」、「きょねん」より「ことし」と変化をたどりながら、「あした」や「らいねん」に希望をもつようになります。自己像の変化とともに、時間の概念も発

「遅刻すると泣いてたけど泣かなくなった」とも言いました。

達してきます。

「ほめて育てる」とよく言われます。それを否定するわけではないけれど、私はなにかが違うと思います。子どもの心は、おとなのことばに左右されるほど軽くない。いや、ことば一つで子どもの育ちを方向づけようとするおとなでありたくないと願います。子どもは、「ほめるに値する自分」を自らつかみとろうとしているのですから。だから、お母さん、お父さん、そして先生も、「ほめて育てる」などということばには頼らないで、自分で苦労してつかみとった子どもとの向きあい方を大切にすればよいのです。

就学を前にすると、読み書きなど、いろいろな技能を身につけさせたくなるものです。でもそれ以上に次の発達の糧になるのは、子どもが日常のなかで感じつつある「ほめるに値する自分」なのです。

12 「よりよく生きたい」

子どもは、いつも「よくなりたい」と願っています。だからこそ、その発達への願いと現実の自分との「ずれ」を意識しつつ生きているのです。発達への願いが高まり、この「ずれ」が大きくなるときには、感情が高ぶったり、甘えや「あかちゃん返り」が強くなったり、「こだわり」や「くせ」が現れたりします。おとなはそれらを見て、困ったことだと思ってしまうのですが、そんなとき子どもも、自分への「情けなさ」とともに生きているのです。

私たちも、おそらく人生の終局にいたるまで、今の自分をよしとはせずに、「よりよく生きたい」と願っています。社会のあり方へと視野を広げて、自分だけではなく、すべての人が平和で幸福に生きられる社会を創りたいと思い立つ人びともいます。しかし、そんな願いのあるところには必ず、思い通りにはならない社会の障壁があります。そのときに私たち

こうありたい自分とそう
ならない自分のはざまで。

は、手をつなぎあうことを覚え、「とりあえず、とりあえず」と言い聞かせつつ、行く手に立ちはだかるものをのりこえていこうとするのです。

子どもの発達の苦労が見えるようになるとき、私たちは自分が向きあう苦労の意味もわかるようになるでしょう。その苦労があるからこそ、それをのりこえて、新しい自分、新しい社会との出会いの日もやってくるはずです。

発達の願いを読み解く目と共感によって、私たちは子どもの発達と粘り強く向きあうことができます。その粘り強さは、人びとの「よりよく生きたい」という願いに心を寄せて、人間を大切にする社会をつくろうとするときに求められる粘り強さと通いあっている、私はそう思っています。

発達の学びは、未来を切り開くための目と心を、私たちに培ってくれることでしょう。

第3章　子どもと歩む発達の道すじ

「発達への願い」と「発達の矛盾」

「生きるための要求」から「発達への願い」へ

あたたかい部屋、安楽な姿勢、おなかを満たしてくれるおいしいもの、やさしい声とまなざし。あかちゃんは、からだと心を包んでくれるいろいろなことに心地よさを感じ、それを求めて生きることをはじめます。自分では何もできないけれど、おとなに要求をかなえてもらうことによって、生きることができるのです。

その「生きるための要求」は尊いものです。やがて、おもちゃを握り、手遊びの身振りを覚え、大好きな歌ができて、「遊ぶ」ことも要求になっていきます。

そのころ、離乳食にたいして、食べさせられるのを嫌がり、自分の手で食べることを要求するようになります。食べ物をじょうずにつかめなかったり、せっかく握ったのに手から落ちてしまったら、子どもはイライラします。要求を実現する

写真1　スプーンを握って、その先を口に運ぶには、手くびを回転するという「こつ」をつかむことが必要です。それは、子どものなかで育ってきている発達のちからと育児のちからの共同作業です。

ための主人公は、他でもない自分自身であることを意識しはじめるので、泣いて怒りつつ、その情けなさは自分に向けられる感情になっていきます。

スプーンなどの道具に興味をもっても、最初からじょうずに使えるはずはありません。お皿からすくうこともむずかしく、それができるようになってもスプーンの先を口に運ぶことは至難の業です。なんども鼻や頬を突いて痛い思いをしつつ、手くびを回せばうまくいく「こつ」を教えてもらって、やっとの思いで使えるようになっていきます。その苦労の後に、すてきな笑顔があります（写真1）。要求の実現のために子どもは、自分自身の可能性の尖端を見つめて、自分を高めていかなければならないのです。この自己変革の要求は、「生きるための要求」から生まれた「発達への願い」と呼ぶべきものです。

「発達の矛盾」

スプーンのたとえのように、発達への願いをもったからといって、すぐにかなえられるわけではありません。願いはあっても、今の自分では実現しそうもないことばかりでしょう。この「ずれ」を私たちは「発達の矛盾」と呼んできました。矛盾のふつうの意味は、「話のつじつまがあわない」ということですが、発達の矛盾は、その「ずれ」があるゆえに、それをのりこえていく方向で変化が起こるのです。つまり矛盾は、よくないことのように思われますが、発達にとっては前進のエンジン（原動力）となる大切なものなのです。

その発達の矛盾のもち主である子どもは、「こうありたい」自分と「そうならない」現実との「ずれ」に悩み、葛藤しています。まだ這いはじめたばかりで、おなかを床につけた「ずり這い」しかできないあかちゃんのことを考えてみましょう。自分がどのくらい先にある目標に到達できるかは、この時期の子どもなりにわかっているのです。それが遠すぎると、はじめからあきらめてしまいます。しかし、あきらめてばかりでは、いっこうに這い這いはじょうずになりません。その目標が魅力に輝き、どうしても手にしてみたいと思えるから、そして「がんばったら何とかなりそうだ」と感じるから、手と腕にちからを込め、足を屈伸させて

写真2　①積木を目ざして「ずり這い」をはじめる。②がんばっても近づかない目標に、心がつづかなくなってしまった。③そんなとき、近くで見ていた保育士が、「もうちょっとよ」と応援してくれた。それに応えて最後のがんばりをみせてくれた。

前に進もうとするのです。そのがんばりを、身近なおとなが励ましてくれたなら、いっそう心とからだにちからが入ることでしょう（写真2）。

このように発達の矛盾をのりこえていくちからは、発達への願いを生み出すものへの心の高まりと「がんばったら何とかなりそうだ」という思いによって確かになるのです。それはエンジンに注ぎ込まれるガソリンのようなものです。

発達の主人公は子ども

つまり発達は、自分自身の願いによって、外の世界と自分自身にはたらきかけ、いろいろなことをとりこみながら新しい自分を創造していく歩みです。たとえて言えば、自らご飯を食べて大きくなっていくことと同じなのです。発達は、世界にはたらきかける「手」、そしてとり入れる「口」をもっています。私たちおとなは、子どもが外の世界を、「自分で選んで食べたくなるように」、そして「食べられるように」料理し、ともに味わうのだと思います。おとなは、少しでも早く大きくなってほしいと思って、発達のためのごはんを、ついついたくさん、無理やり食べさせてしまうのですが、発達の主人公は子どもなのです。

それでは、発達への願いの変化の歩みであり、発達の矛盾をのりこえていく歩みでもある「発達の道すじ」に入っていきましょう。

2 あかちゃんの前半
（7か月ころまで）

生まれてはじめて、子どもが大きな「発達の節」をのりこえていくのは、生後7か月ころといわれています。そのときまでを、あかちゃん（乳児期）前半の発達段階ということがあります。

この半年ほどの間にも、実は発達の節が3つあると言われています。生後1か月ころ、3か月ころ、5か月ころです。この発達の節の間に、「芽生え」の時期というべき「変わり目」があります。そこが実は大切なときなのです（図1）。

1か月は、子どもには失礼ながら、まだ一本の「丸太」と同じであり、手足やくびが体幹から自由になって動くことはむずかしい時期です。それが3か月になると、手と手、足と足を触れあわせたり、くびと目を動かして右にも左にも、上にも下にも、モノを追うことができるようになります。5か月になれば、手で足をもって遊ぶようになり、手はお母さん

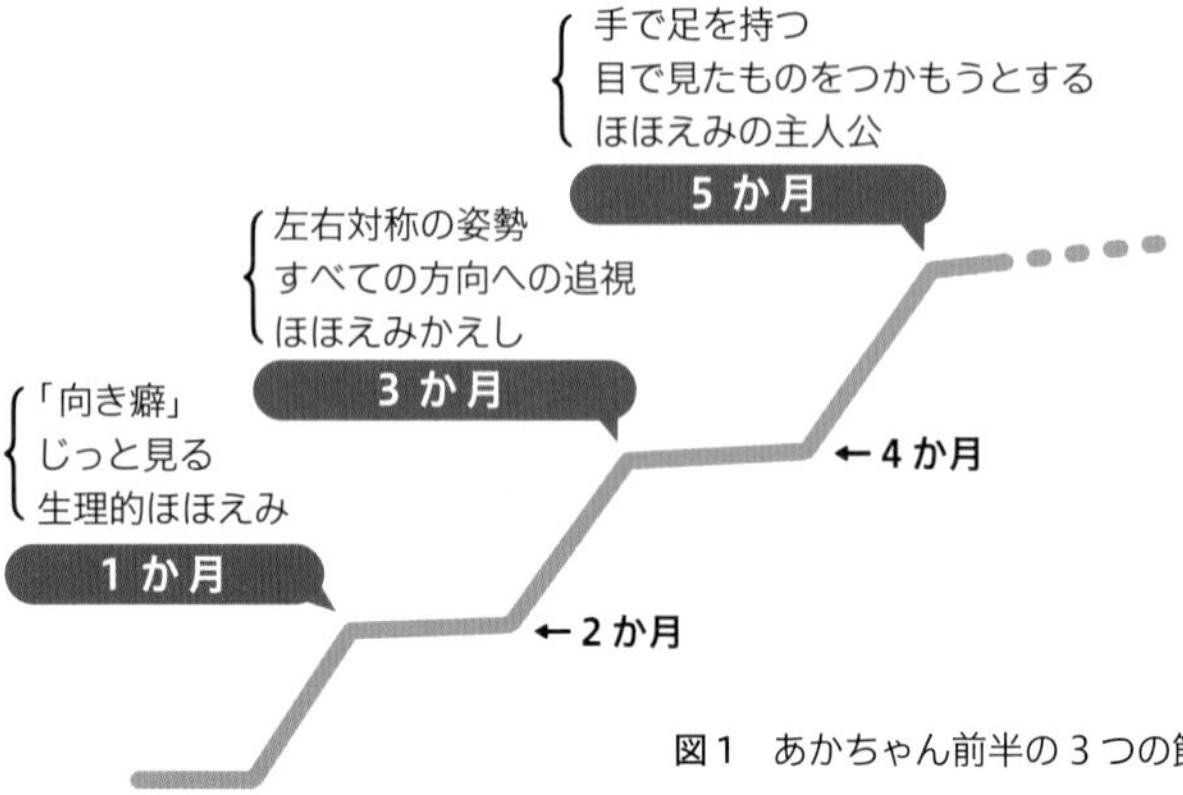

図1　あかちゃん前半の3つの節

の顔やおもちゃにも出るようになるでしょう。

1か月は、まだ心地よさという内なる感覚による笑顔（生理的微笑）ですが、3か月になると、あやされることがうれしくて、たくさんのほほえみを返してくれます。5か月になると、今度はあかちゃんから周囲の人に「笑ってよ」と言わんばかりのほほえみを送ってくれるでしょう。

もう少し、くわしくみていきます。

人を求めてやまない心

1か月ころ、生まれながらにもっている原始反射（非対称性緊張性頸反射）に支配されて、あかちゃんの仰向けの姿勢には、はっきりした「向き癖」があります。左右のどちらかを向いていることが多いでしょう。向いている方の手や足が伸び、反対の手足は曲がっています。「向き癖」姿勢のままで

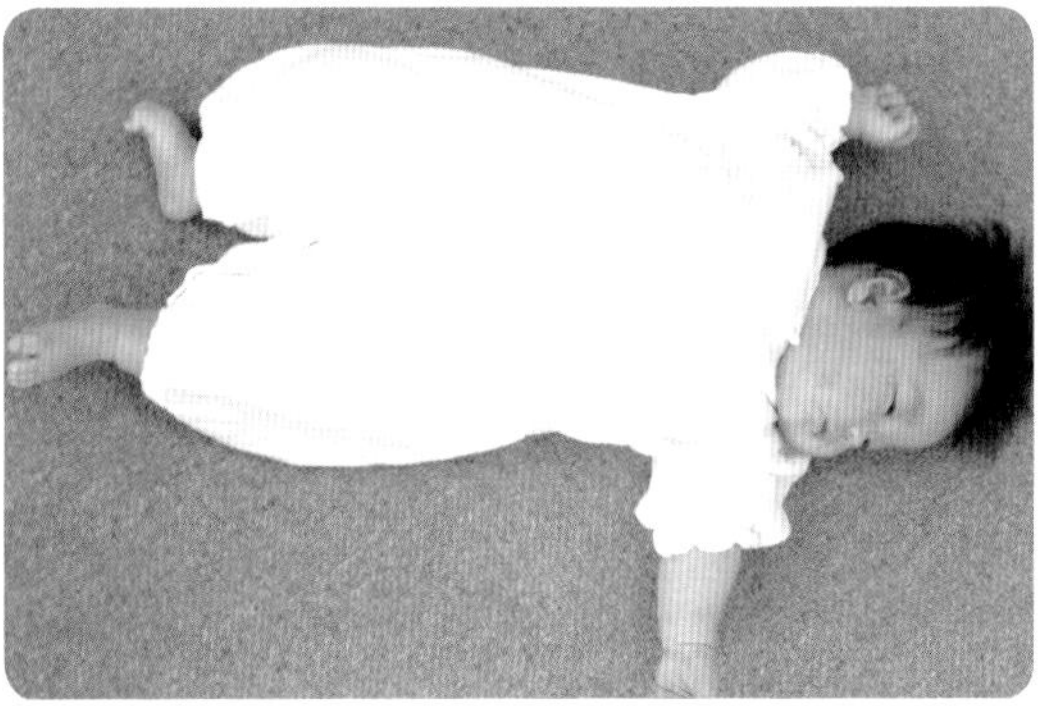

写真3　「非対称性緊張性頸反射」に支配された不自由さが表情に表れる。しかし、この姿勢によって自分の手を視野に入れることができる。

いるとき、子どもはほとんど笑いません。「向きたいのに向けない」という心の不自由さを宿した表情にも見えます（写真3）。

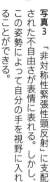

2か月ころになるとあかちゃんは、「オッパイ、ほしかったんだね」「オムツがぬれていたんだね。ごめんね」などと子どもの心をわが心として受けとめ、心地よいことをしてくれる人のことを、特別な存在として感じはじめます。その人の抱き方を覚え、いつもと違った抱き方をするとけげんな顔になったり泣き出したりします。そして、その人の声がしたら、顔を探すようになります。「人を求めてやまない心」が芽生えているのです。

でも、子どもは「向き癖」姿勢に支配されているので、くびと目を動かし、その人を見つけることは簡単ではありません。「人を求めてやまない心」が強まるほど、矛盾は大きくなるのです。それでも負けないで、瞳を開いて、その人を探そうとするでしょう。その人の顔と瞳を見つけたとき、うれしくてほほえみがこぼれます。

ほほえみの主人公

このように矛盾をのりこえていくことによって、子どもは積極的に外の世界にはたらきかけ、新しい人間関係をつくるようになります（写真4）。3か月ころの節をのりこえた子どもは、

写真4　①あかちゃん二人をいっしょにしてみた。②最初に気づいたのは、少し年長のあかちゃん。③すぐに気づいてまなざしをあわせることができた。交わすことばはないけれど、ずっと見つめあって、あたかも語りあっているようだった。

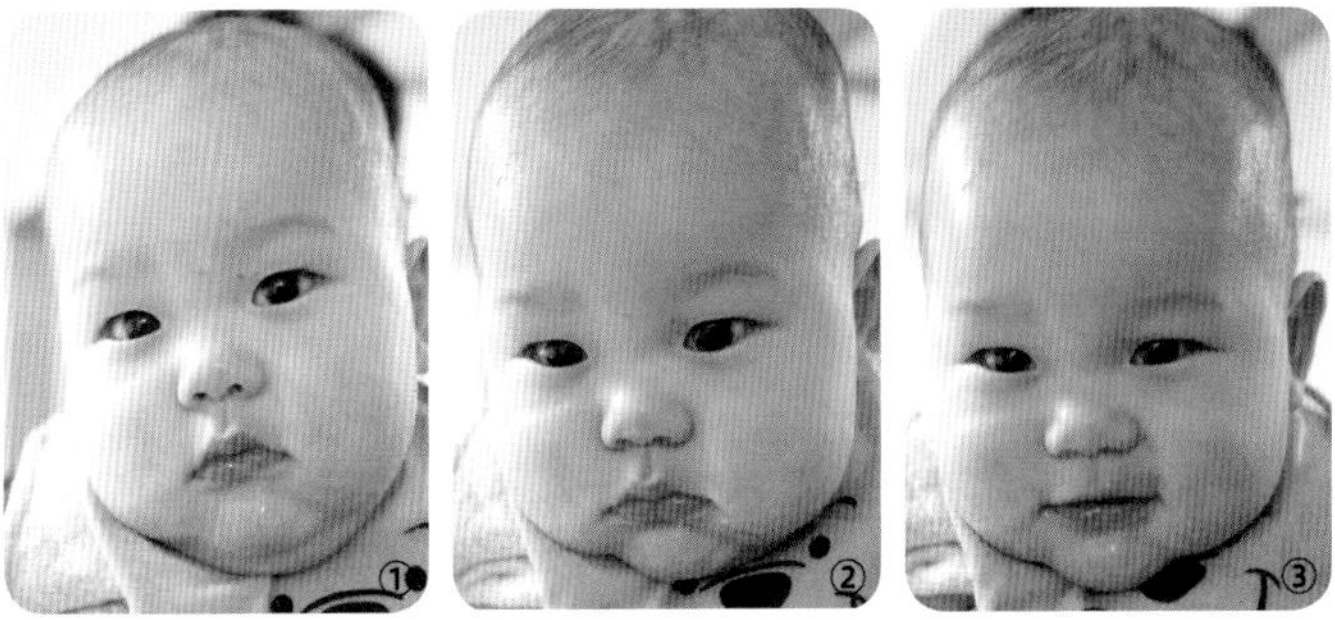

写真5　①はじめてのオジサンの目とカメラを不思議そうに見入る。②今まで出会ったことのない存在であることに気づいたようで、ちょっと不安な顔になって目をそらす。③しかし、気持ちをつないで、そのオジサンにほほえみかけてくれた。

4か月ころ、あやされて笑うだけでは満足せず、その人が誰であるかを確かめてから笑いかける「ほほえみの主人公」になっていきます。まるで、相手を自分の世界にひき入れようとするように笑うのです（写真5）。このほほえみは、やがてコミュニケーションの手段としての発声や喃語をともなうようになっていきます。

そして右も左も自由に向くことができ、手と手、手と足を触れあわせ、うつぶせ姿勢での顔上げに挑戦する「姿勢の主人公」になっていきます。すてきなモノがあれば手を伸ばし、自分のものにしたくなるので、寝返りやおへそを軸にして回る旋回による移動が、目標に到達するための移動手段となって発達していきます（写真6）。

写真６　①左手ではつかめないところにガラガラがある。②寝返りによって近づけることを知っているので、挑戦してみる。③がんばって右手で到達することができた。こうやって子どもは自分の運動の可能性に覚醒し、その運動の結果として自分のからだを知っていく。

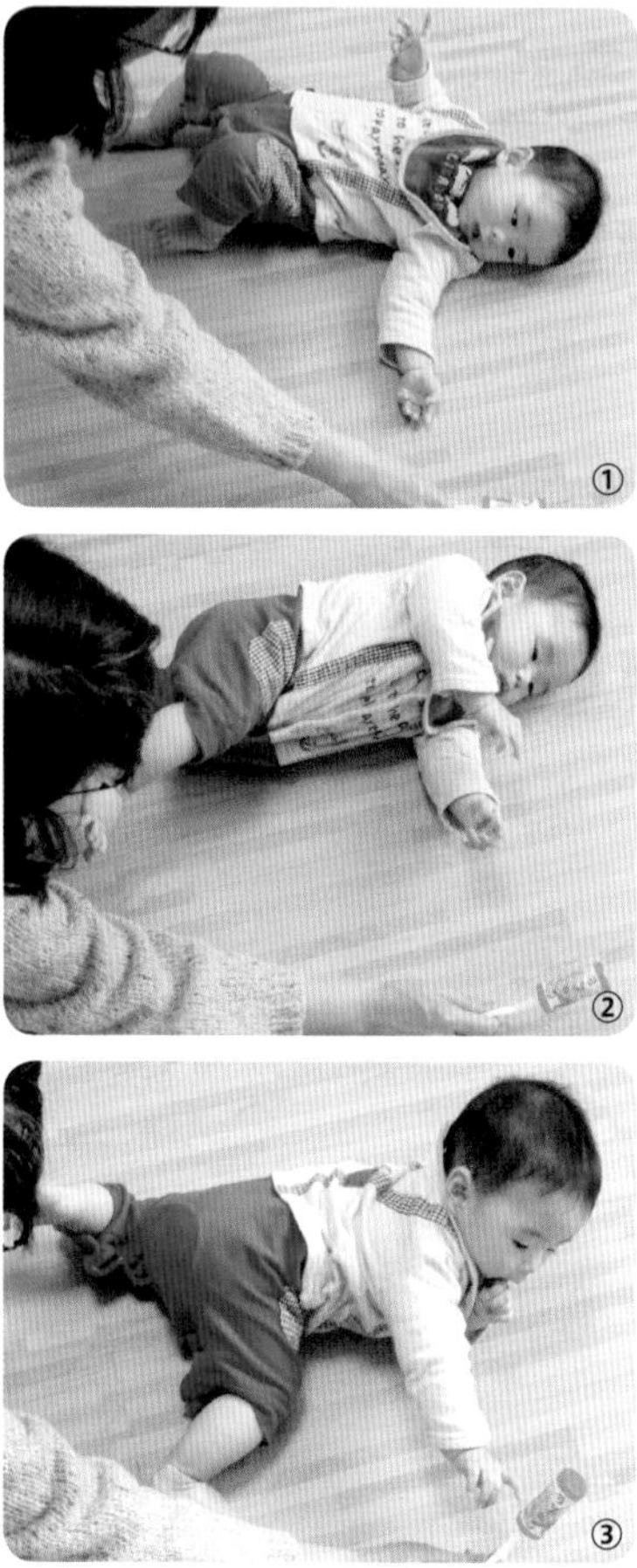

3 あかちゃんの後半への飛躍（1歳半ころまで）

あかちゃんは、寝返りや旋回で移動して目標に到着したら、からだを起こして座ることに挑戦するようになります。座れると視線が高くなって視野が広がり、手が自由になって、つかんで振ってみたり、持ちかえながら口にも入れてみたりして、変化を楽しむようになります。それが生後7か月ころの姿です。

この7か月ころから1歳半ころまでを、あかちゃん（乳児期）後半の発達段階ということがあります。ここにも発達の節が3つあるといわれています。7か月ころ、9か月ころ、11か月ころです。この発達の節の間に、「芽生え」の時期というべき「変わり目」があります（図2）。

7か月は、寝返りや旋回が移動手段になり、お座りができるようになりますが、まだ「這い這い」はできません。しかし目標に到達したい思いにあふれているので、おなかを床に

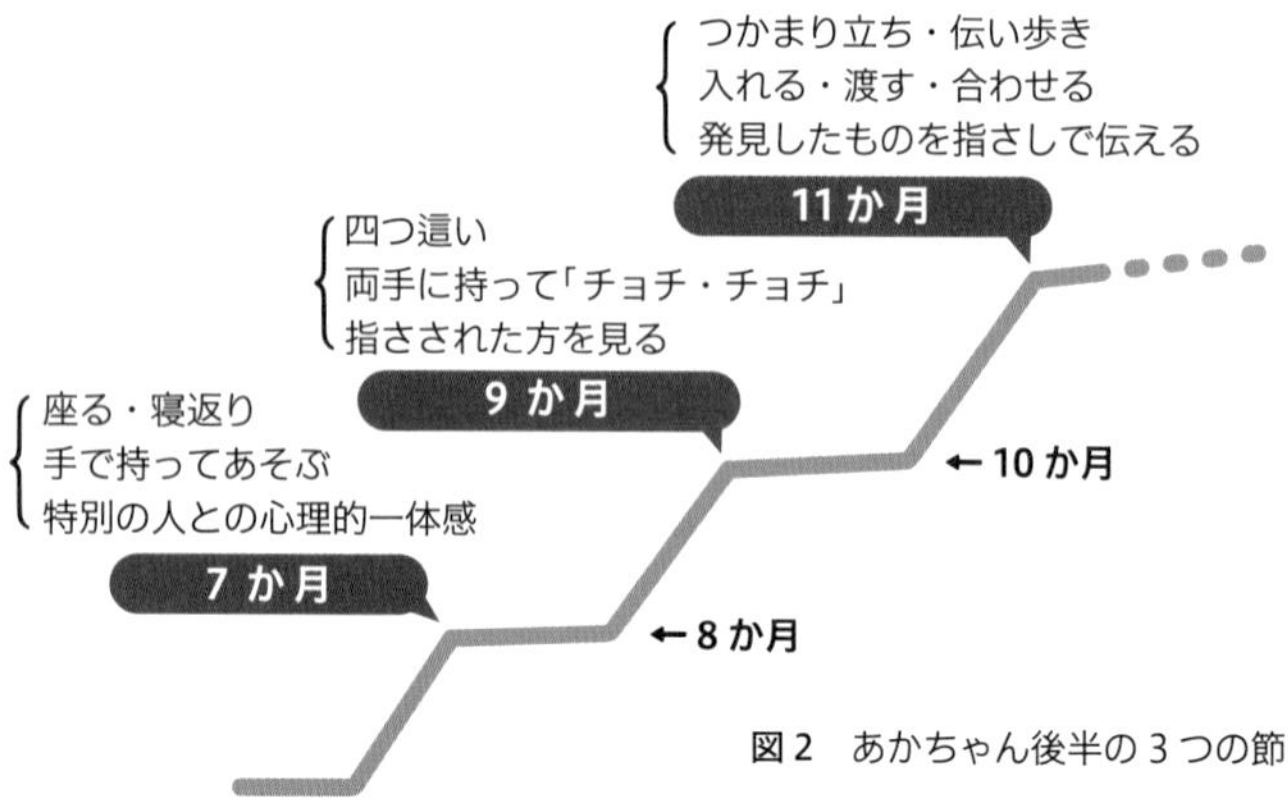

図2　あかちゃん後半の3つの節

つけての「ずり這い」ができはじめます。手を伸ばして自由におもちゃを握り、持ちかえることもできるようになります。でも、両手で同時にモノを持つことはできません。そういった「できなさ」とたたかいつつ、9か月になるとおなかを床から離しての「四つ這い」ができるようになり、移動はずいぶん自由になります。そして、両手におもちゃをもって、「チョチ・チョチ」遊びができるようになるでしょう（写真7）。二つを合わせて遊ぶことができはじめていますが、まだ「合わせる」ことより振ったり、引っ張り出すことのほうが楽しいのです。そして、11か月になると「つかまり立ち」や「伝い歩き」への挑戦をはじめ、視野が垂直方向に広がって、モノとモノの関係に興味をもって、「入れる」「渡す」「合わせる」という手の操作の意味を理解するようになっていきます（写真8）。

7か月は、おとなとの心理的な一体感によって、外の世界

写真7　片手にしか握れない時期をこえて、両手に持てるようになったことだけでうれしい。さらに、その二つを合わせることができるようになったときに、うれしさを他者と共感しようとする。

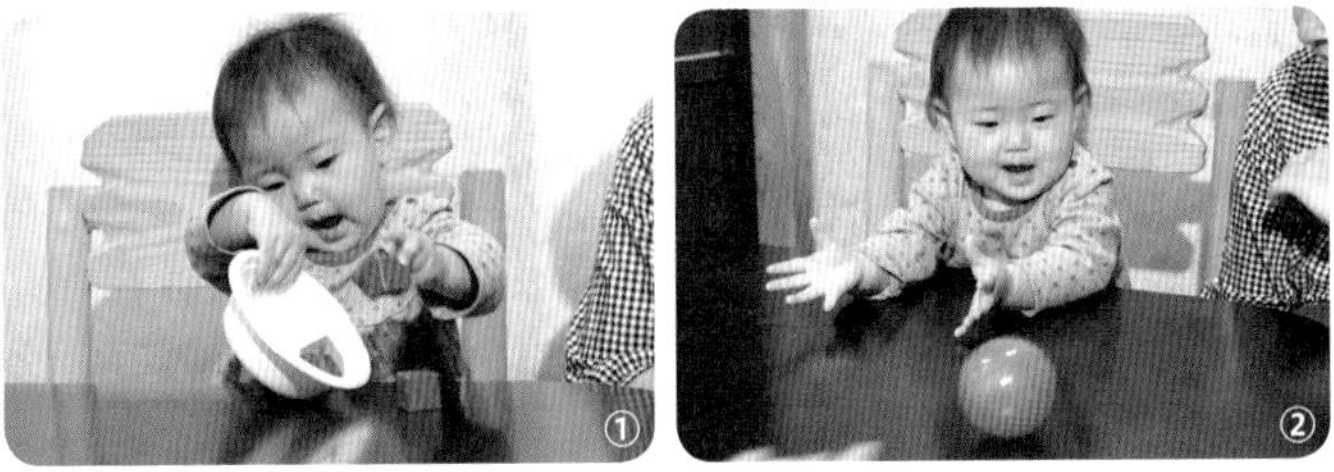

写真8　①生後 10 か月ころ、「出す」という行為のよろこびから、「入れる」という目的をもった活動のよろこびへ発展する。②ボールを相手に「合わせる」ことによって、相手がよろこんでくれることを知る。「ことば」を交わすまえに、モノを介して気持ちを交わすようになる。

に目を向けることができます（写真9）。そして、自分が何かを発見したときや手で握ったときに、まなざしや発声でそのことを伝えてくれます。9か月になるとおとなが指さしで教えてくれることに、まなざしを向けて発見できるようになります。つまり、向きあうだけではなく、ものごとを共有することができはじめるのです。11か月になると指さしや「マンマ」などのはじめてのことばによって、自分

写真9　向きあうばかりではなく、ともに同じ方向を向いて人生を歩みはじめる。

が発見したものを教えてくれるようになるでしょう。コミュニケーションの主体性が確かになっていくのです。

「見比べ」のはじまり

あかちゃんの前半から後半への飛躍のときには、子どもは変化や違いに心がひきつけられます。目で見て、手でさわって、その変化を自分で確かめようとするのです（写真10）。第一の発達の節である7か月ころの子どもは、目の前にある二つのモノをいっしょうけんめい見比べて、どちらか一方に手を出すようになります。子どもなりに自分で「選ぶ」ということができはじめているのです。

これから先の人生において、この「選ぶ」ということが大切な意味をもつことになります。あかちゃんのころならば目の前のおもちゃや抱いてほしい人を選ぶのですが、やがてこ

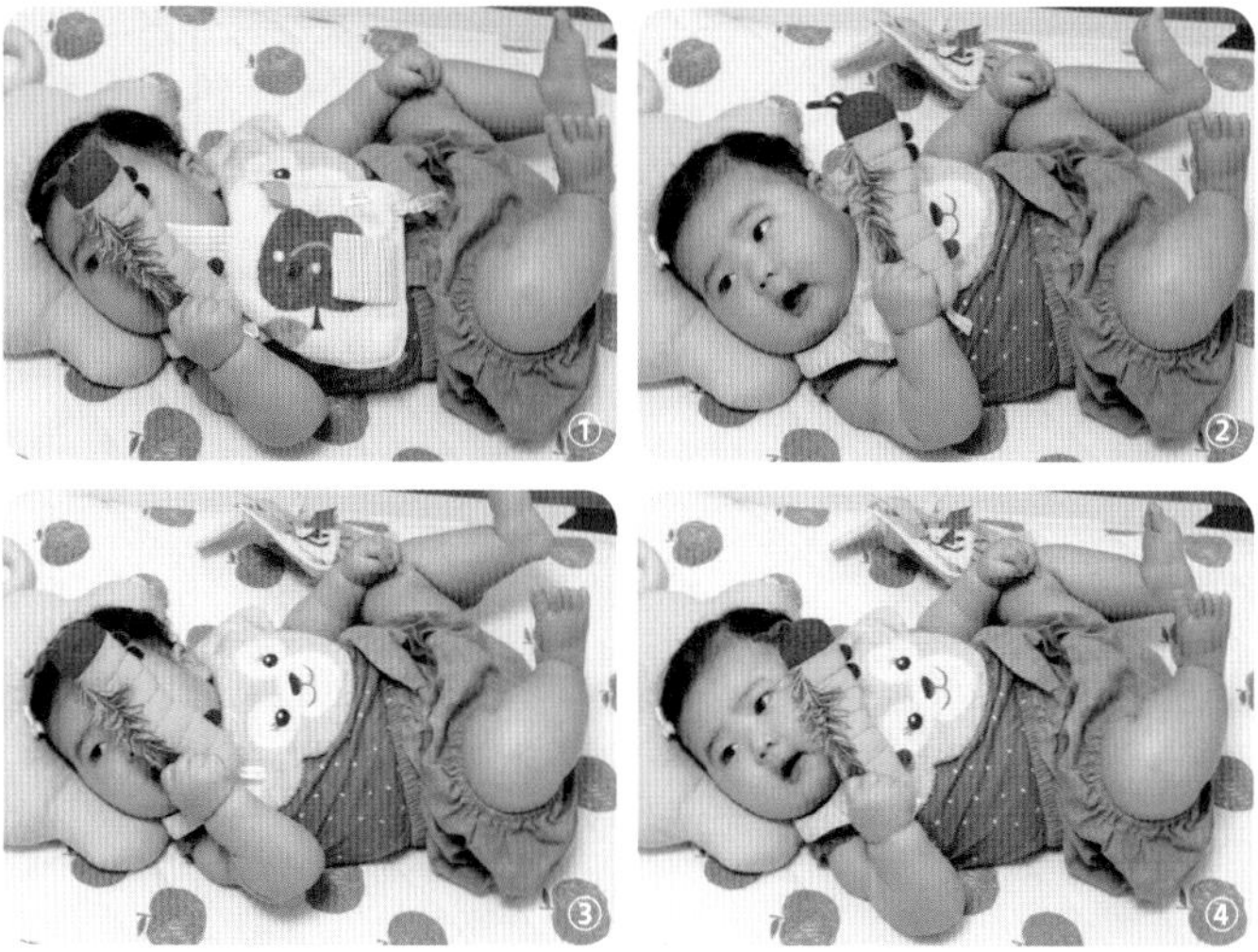

写真10　①手を動かしたら、「はらぺこあおむし」のぬいぐるみでお母さんが隠れて見えなくなった。②動かしたら、お母さんが見えた。③もう一度、お母さんの顔を見えなくしてみる。④もう一度動かしたら、やっぱりお母さんが見えた。あかちゃんの前半から後半への飛躍のときには、こうやって、自分の活動によって起こる変化を再現し、「見える－見えない」などの世界の不思議を知ろうとする。

とばが発達する1歳中ごろには、目の前にない、時間や空間を隔てたことを選ぶようになり、そして3歳になれば、「こうありたい」という自分のイメージを選ぶようにもなっていきます。それからずっと、この「自分で選ぶ」ことのレベルの変化が、発達のそれぞれの時期を特徴づけることになるのです。おとなの入り口に立てば、働くことの意味を問いつつ職業を選び、自分にとって家族とはなにかを問いつつ人生の伴侶を選ぶこともあるでしょう。

さて、7か月ころの子どもは、ど

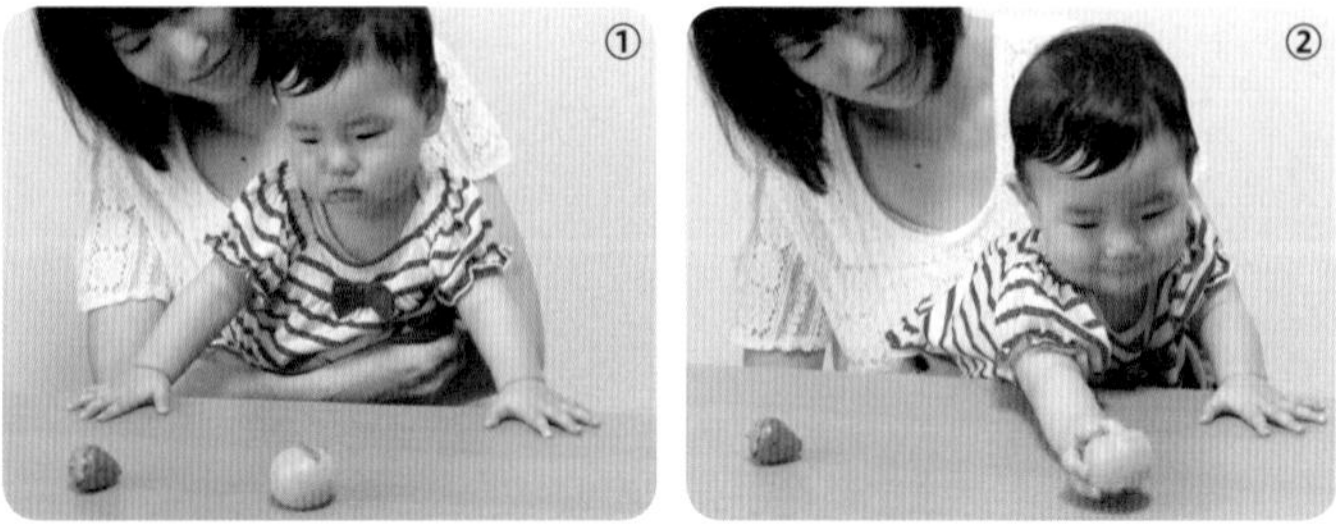

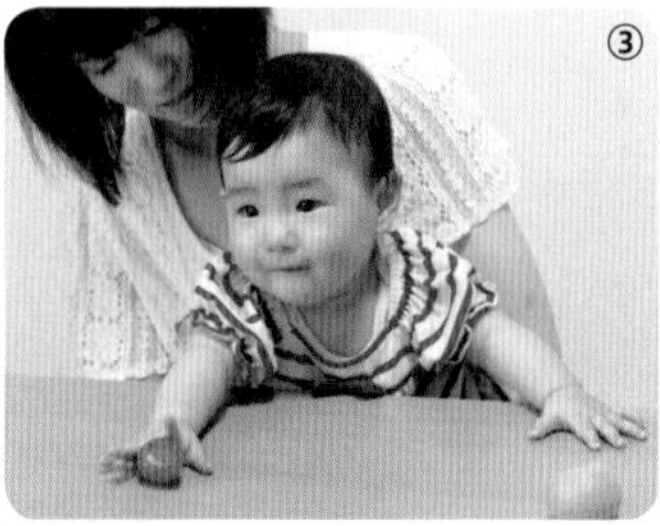

写真11　①机の上のミカンとイチゴの模造品を見比べる。②まずミカンに心ひかれて右手を伸ばしてみる。③ミカンをつかんでみたら、やっぱり「もう一つ」のイチゴにも心ひかれる。こうやって一つではない「心の窓」を開いていく。

ちらか一方を手にするだけでは満足しません。二つ（「対」）の間でゆれ動くように、もう一方にも欲張りな心はひきつけられます。そして、この「もう一つもほしい」という欲張りさこそが、知らないもの、珍しいものへの興味を生み、新しい発達の矛盾をはぐくむ土台になるのです（写真11）。

こわいけれども興味がある

7か月の発達の節をのりこえた8か月ころは、はじめて出会う人への「人見知り」が強くなるときです。その泣き顔のなかにあるのは、「こわい」という不安な心だけではありません。はじめて出会った人の顔を見て泣いても、きっと「こわいもの見たさ」で、もう一度その人をチラッと見るでしょう。「知っている世界」と「知らない世界」という「対」の世界の間でゆれ動き、「こわいけれども興味がある」のです。このとき、大好きな人の膝のうえや胸のなかが、不安な心を支えてくれる「安心基地」になります（24〜25ページ参照）。だから大好きな人と離れられなくて、分離不安が強くなるのです。

「こわいけれども興味がある」という矛盾した心が、「きっとだいじょうぶ」という感じでドンと受けとめられたとき、子どもは少しずつ不安をのりこえていくことができます。これから先の発達の道すじにおいても、子どもの不安は繰り返しやってきます。その心に向きあいすぎるのではなく、ともに前を向いて歩いていく姿勢が、子どもを勇気づけます。

このころ子どもは、人にたいしてだけではなく、はじめてのモノや場所にも不安をもちます。「モノ見知り」「場所見知り」です。そして子どもは、人見知りと同じように、そのモノや場所にも興味があるのです。だからまじまじと見つめ、モノには「人さし指」を伸ばして触れようとするでしょう。まるで指先で安全を確認しているようです。そうして、それをつかんだりつまんだりできるようになっていくのです（写真12）。

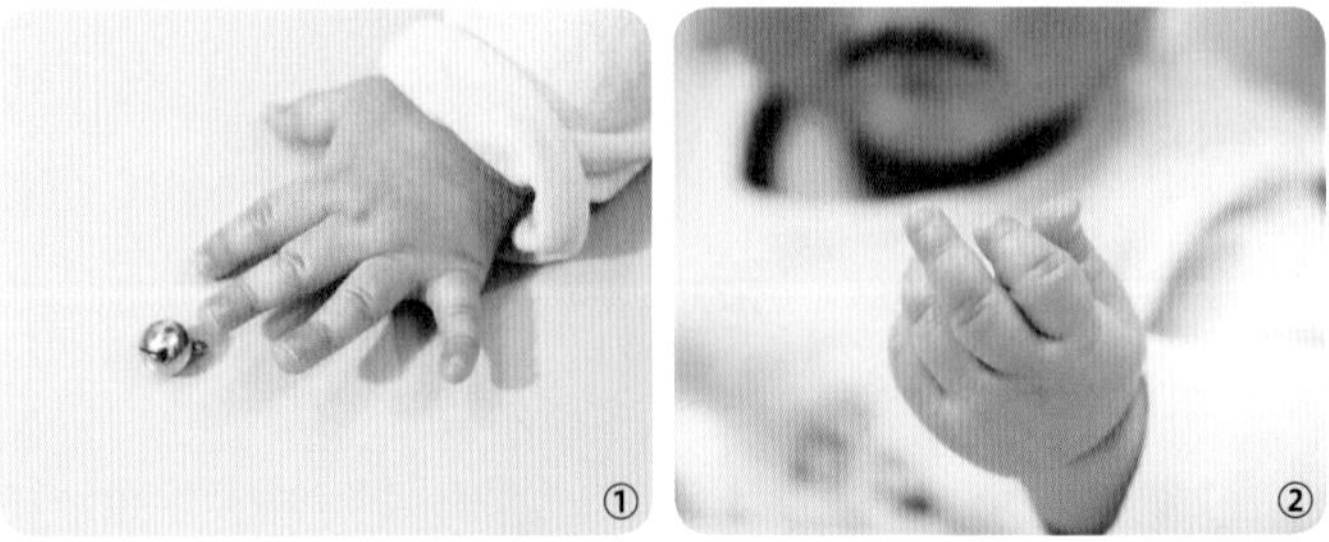

写真12　①指先は、安心確認のための大切なセンサー。②安心を確かめてから、指先を使って恐る恐るつまんでみる。

この不安げな「まなざし」と「人さし指」は、はじめての世界へと踏み出していくためのセンサーであり、「目と指は、口ほどにものを言う」です。

新しい主人公への生まれかわり

この9か月の節をのりこえた子どもは、10か月ころ、発見し感動したものを指さしで教えてくれるようになります。それは、「指さしの主人公」と呼んでもよい姿です。不安な心を宿した「人さし指」が、発見のよろこびを伝えてくれるコミュニケーションの手段になっていきます（26〜27ページ参照）。やがてその指先から生まれ出るように、「マンマ」（おなかがへった）にはじまることばが出てきます。

そのころ子どもは、食べさせてあげた離乳食を不機嫌そうに手で取り出して、食べ直すようになります。食べさせられ

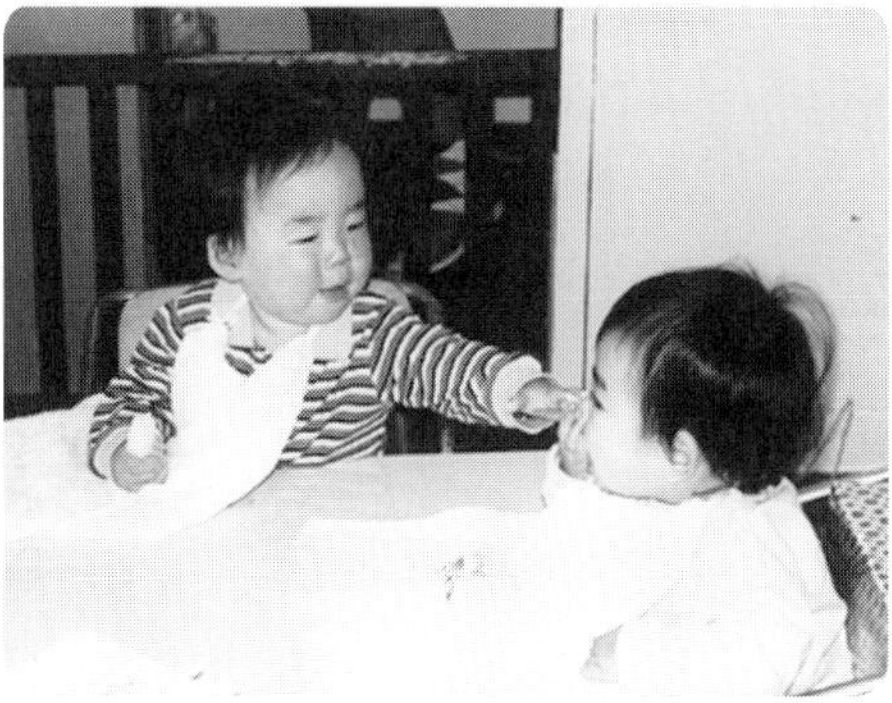

写真13　となりで食べている友だちの口に、リンゴのおやつを入れてあげる。食べてくれるとうれしいのだが、その分、「自分のリンゴ」は少なくなってしまうことにも気づいていく。

写真14　自分の名前、友だちの名前。それぞれに大切な名前があることを知るようになる。他でもない、「自分」という存在を意識するようになりはじめる10か月の子どもたち。

ることを受け入れず、自分の目で確かめ、自分の手で食べたいのです。そして自分の手で食べるだけではなく、おとなや友だちの口にも食べさせてくれるでしょう（写真13）。そうやって自分が自分である感覚をもち、主人公であることを確かめているようです。

保育所の「朝のあつまり」の「お名前呼び」では、両手を叩いたり片手を挙げたりして、「自分」がここにいるよと教えてくれるのです（写真14）。

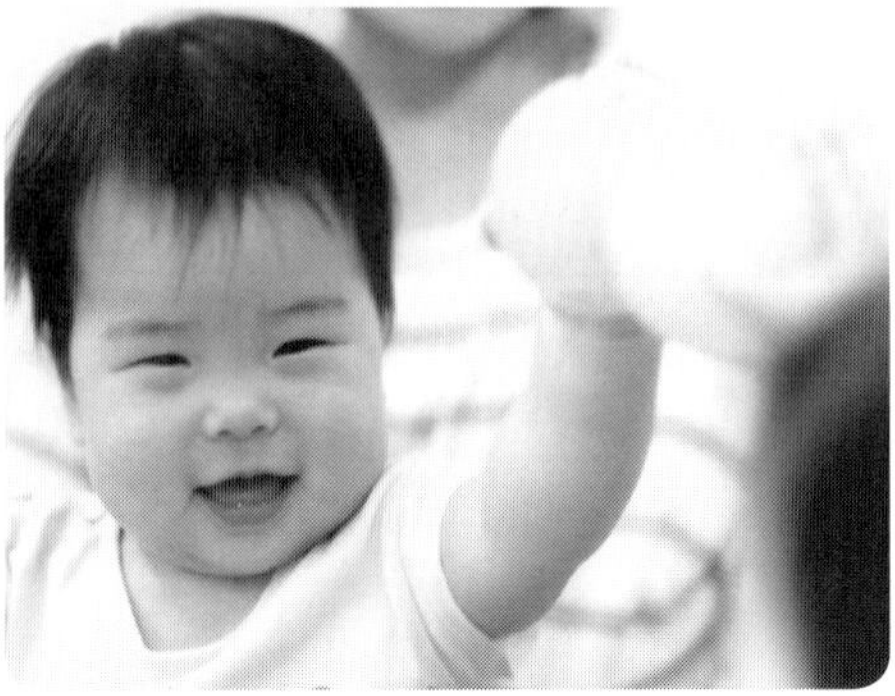

写真15　鏡にボールを付けたり離したりしながら、実物と像の関係を区別するようになる。鏡に映る自分に笑いかけ、そこにあるのは「自分」という存在であることを知るようになる。

鏡の自分に笑いかけたり、自分の手に持つおもちゃを鏡面に付けたり離したりして、実物と鏡の像の関係を確かめようとします。だから鏡に映るのが自分であることも知るようになるのです（写真15）。「自分」を意識し、「自分」という意思と感情をもった「主人公」が誕生するときです。

「入れる」「渡す」「合わせる」

このころの子どもは、自分のもっているものを、「入れる」「渡す」「合わせる」ことができるようになります。「チョチ・チョチ」という手遊びと同じに、両手にもった積木を打ち合わせて遊ぶのです。それができるようになったときは、どの子もみんな大満足の笑顔です。

遊びからはじまった「合わせる」ですが、相手の手に渡したり、口に入れてあげることにつながります。おもちゃをか

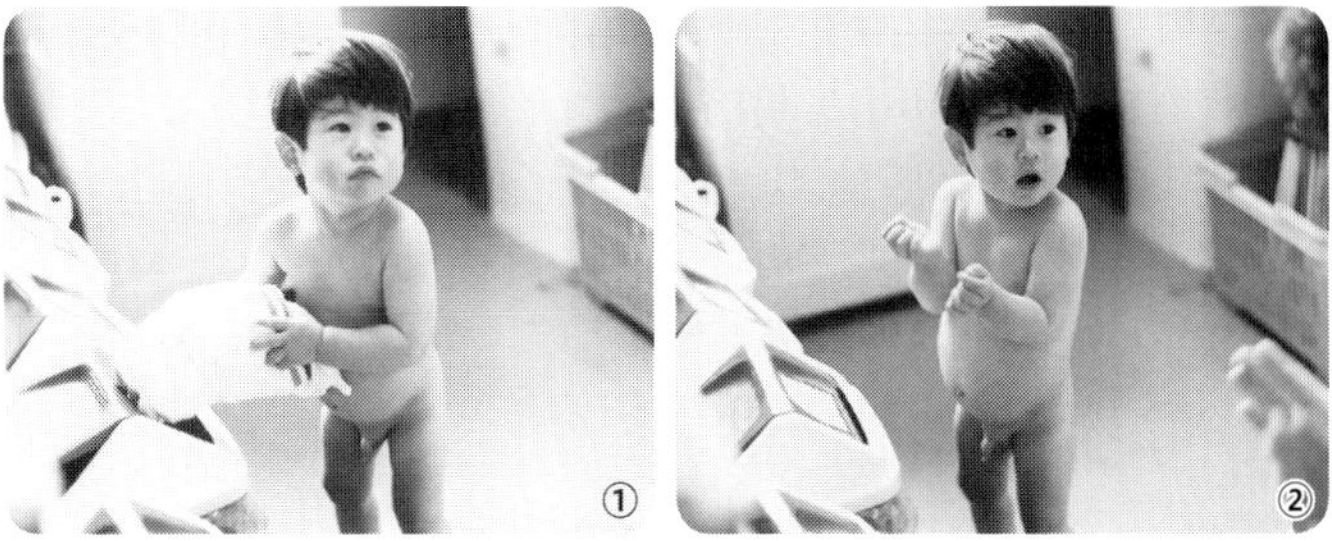

写真16　①オムツをがんばって洗濯物ボックスへ入れようとする。②手から離れてびっくりしたが、保育士がよろこんでくれたので、「入れる」ことはすてきなことなのだと知るようになる。

ごに入れて、「お片づけ」をしてくれたりします。そのときは、「ほら見て」と言わんばかりに、うれしい顔を向けてくるでしょう（写真16）。

「入れる」「渡す」「合わせる」を「ありがとう」と認めてもらうことによって、相手の感情を感じ取るセンサーをもつようになります。そして、他者には自分とは異なった心があることを知り、自他の折りあいをつけながら、ともに生きる関係をつくるようになるのです。

いいもの探しの行進

「生活の主人公」に生まれかわった子どもは、自分の足で外の世界を探検するようになります。「何かいいものないかなあ」とまなざしでささやきあいながら歩む「いいもの探しの行進」です。キラキラ輝くまなざしには、はじめて出会う

写真17　まだ未知の世界への不安を宿した表情だが、しっかりと自分の足で「いいもの探し」をしようとする。

ものに心をときめかす「何ごとも不思議と思う心」が、宿りはじめているのです（写真17）。

「子どもの目の高さ」という感覚を大切にしてみましょう。子どもの目の高さに立って、いっしょに世界を眺めてみます。そのとき、おとなが忘れかけていた無垢の感性に、もう一度出会えるのではありませんか。まなざしや指さしで子どもが教えてくれたことに応えて、「ほんとうだねぇ、きれいなお花あるね」「アリさん、いっしょうけんめいおしごとしているね」などとおとなの口をついて出ることばがあるでしょう。子どもと心を一つにできるおとなのことばこそ、子どもが、モノには名前があることを知るきっかけになるのです（写真18）。

つまり「ことば」は、おとなが子どもに教えるというような一方的な関係のなかで学ばれていくのではありません。子どもの目の高さで心を一つにするという「共感の世界」のな

写真18　「何ごとも不思議と思う心」で、アリさんを見つけた。みんなが同じ心をもって集うようになる。指さしは、「人さし指」ばかりではなく、足でも、靴を履いた足でもするようになる。命あるものへの感性が育ちはじめている。

かで、子どもによって学びとられていくのです。

「いいもの探しの行進」は、命との出会いのきっかけにもなります。アスファルトの割れ目から咲く小さなタンポポ、いっしょうけんめいに餌をついばむ小鳥を、子どもの瞳はとらえます。きっと青空に浮く白い雲も、命があるように感じられるのでしょう。珍しくて、小さくて、キラキラしていて、そしてかわいらしく動くもの。

今、子どもの世界は、キラキラの人工物に満たされていますが、命あるものが創り出すあたたかさ、やさしさへの感覚や感情は、子どものなかから減退しているように思います。命へのセンサー、感性をもった子どもとして育っていってほしいと願います。

写真19　「あなた、何、いいもの見つけたの」。そこには、なかまへの憧れの心が芽生えている。

憧れの心

保育所に通う子どもたちは、「いいもの探しの行進」をしているのが自分ひとりではないことに気づいていきます。友だちが、興味津々で見入っているものに心ひかれるのです。「きっといいものに違いない」という思いがあるのでしょう。憧れの心が生まれているのです（写真19）。

憧れの心は、発達の牽引力になります。「同じものがほしいなあ」「あんなことがしてみたいなあ」「あの子のようになりたいなあ」と、たくさんのことを吸収していくことができるのですから。

友だちがすてきなイスに座ったら、「自分も」と願います。イスがないときでも、一人座れば、二人、三人とやってくるはずです。そのとき、新しくやってきた友だちはどこに座るでしょうか。友だちと友だちの間に、わざわざ割り込んでく

写真20　狭いところでも、友だちと友だちの間に自分の居場所をつくろうとする「新参者割り込みの原則」。

るはずです。端に座ったのでは、「なかまはずれ」の気持ちなのでしょうか。これを私は、「新参者割り込みの原則」と呼んでいます（写真20）。そうやって子どもは、なかまのなかに自分の居場所を求めるようになります。おとなとの関係ではなく、友だちとの世界を特別に大切なものとして求めるようになっているのです。

生活の主人公

「生活の主人公」に生まれかわろうとしている子どもは、手づかみばかりではなくスプーンを使いたいし、パンツも靴も自分で履こうとするでしょう。生活のすべてにおいて受け身を嫌がり、自分でしたいのです。もちろん技術はともなわないので、おとなはついつい手や口を出してしまいます。せっかく靴を片足履いたのに、「反対もね」とすぐに言われてし

写真21　友だちのところにご飯を運んだ。受けとめてもらえたときに、ホッとしてうれしい気持ちになる。受けとめられるよろこびを感じて生きる子どもたち。

まうこともあります。子どもは、ただただ自分でできるよろこびを味わいたいのですから、主人公になりたい心を受けとめ、そっと手を添え応援しながら、小さな一歩をよろこびあいたいと思います。

このころの子どもは、お母さんのヘアブラシ、お父さんの携帯電話、先生が保育所の連絡帳を書くボールペンなど、おとなの大切なモノには、どれにも目を輝かせます。ほしいだけではなくて、おとなのように使ってみたくなるのです。洗濯物たたみにも手を出したくなります。

おとなのしている「しごと」に心ひかれるのでしょう。そんなときなので、よそってあげたごはんを、お父さんお母さんやきょうだいのところまで運ぶ「しごと」をお願いしてみましょう。それを相手が受けとってくれたとき、子どもの顔はホッとして、誇らしく輝くはずです（写真21）。「受けとめて

写真 22　①保育士の先生が給食の後片づけに忙しいときに、ちょっと雑巾がけに挑戦してみる。床はビショビショになって先生は大慌て。②タオルや桶があったので、お風呂に入った「つもり」になって友だちと遊ぶ。「みたて・つもり」遊び。

もらえるかな」という不安があるので、そのよろこびは大きいはずです。「自分もうれしいし、相手もうれしい」ということを知り得たよろこびの笑顔です。すぐに大げさにほめてしまわないで、子どもの心のなかにある余韻をゆっくりと受けとめ、よろこびをともにしたいと思います。

「しごと」のよろこびは、タオルを見つけて雑巾がけのまねをしてみたり、お父さんの顔を拭いてあげようとしたり、「みたてる」「つもりになる」という遊びにつながります。これを「みたて・つもり」遊びと言うのです。子どもには、表現したい行動や生活場面がイメージされているので、目の前にないものを想い描く「表象」という大切なちからが生まれています。「みたて・つもり」遊びの背景には、たくさんの「しごと」を知ったよろこびが隠れているはずです(写真22)。

4 1歳半の「発達の節」

1歳半ころは、あかちゃん後半の発達段階から幼児の発達段階へ飛躍する、いわゆる「1歳半の節」にあたります。飛躍ということばにふさわしく、気がつけば、いろいろな新しい姿をみせてくれる時期でしょう。

幼児の発達段階は、この1歳半を最初として、4歳、7歳という節がつづいていきます。この発達の節の間に、「芽生え」の時期というべき「変わり目」があります（図3）。

1歳半は、歩くことがじょうずになり、後ろ向きを卒業して前向きに階段を下りたり（写真23）、手すりを持っての上り下りができるようになります。目の前にない事柄も含めて、「〜ではない…だ」というように、自分で選んだり、切りかえたり、自分と他者の思いの間でぶつかりあったりします。4歳は、片足上げながら前に進んでいく「ケンケン」をしたり、紙を持ちながらハサミで切るように、「〜しながら…する」という

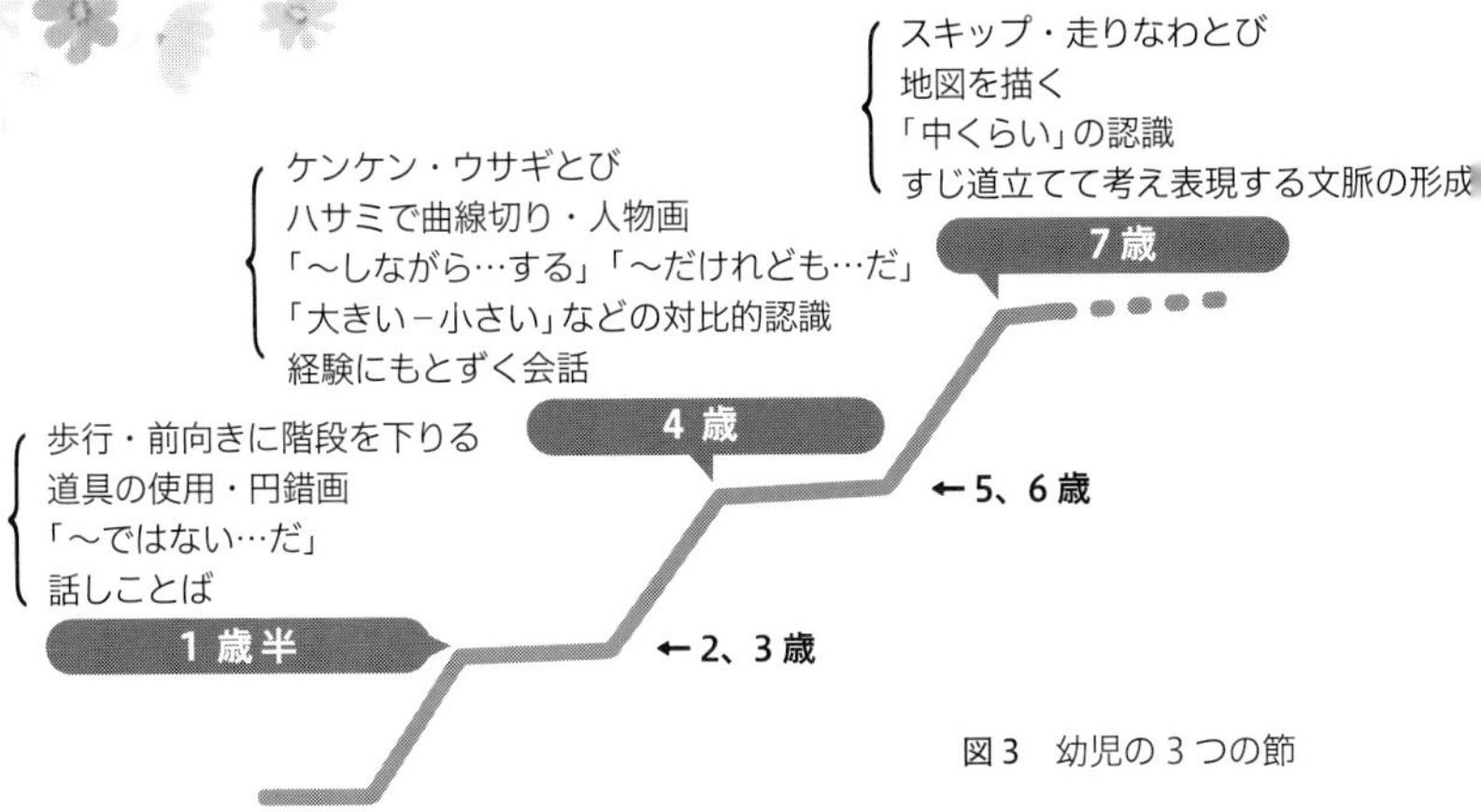

図3　幼児の3つの節

操作ができるようになります。二つ単位（「対」）の間で選んだり切りかえるだけではなく、世界にあるものを「大きい－小さい」「重い－軽い」「良い－悪い」などのように、比べて考えるようになります。7歳は、「対」の間で対比するだけではなくて、そこに「中間」という世界ができて、三つの単位で世界を理解するようになります。だから、「右－左」だけではなくて「中心」「きのう－きょう－あした」「すき－きらい－どちらでもない」などと、さまざまな三つの単位が子どもの心につくられていきます。

1歳半は、まさに話しことばの拡大期です。ことばだけではなく、「なぐり書き」から「円錯画《えんさくが》」へと描画も拡大し、自分の表現への手ごたえを感じるようになります。4歳は、話しことばを駆使して自分の経験と思いを伝え、友だちと語りあうよろこびに満たされるでしょう。描くことには、目の

写真23　１歳前半では、階段もすべり台も後ろ向きで下りようとする。１歳中ごろになると、からだの向きを「～ではない…だ」と自分で反転させて、前向きに下りられるようになる。

前にないものを思い描き表現しようとする、表象というバックボーンが整いはじめます。7歳は、伝えたいテーマを意識し、話しことばで文脈をつくるようになります。この文脈は、文字の習得によって書きことばに発展していきます。したがって、描くことにもストーリーをもった場面の描写がみられるようになります。

このそれぞれの幼児期の発達の節にも、頂上の手前の「胸突き八丁」というべき、苦しい上り坂があります。それをのりこえていくには、乳児期の発達の節に比べて長い時間と苦労を必要とします。

立ち直りの心

「いいもの探しの行進」のなかで、「何ごとも不思議と思う心」は、どんどん広がっていきます。そして、いろいろなものごとに出会ったよろこびや、「もっとしたい」「もっとほしい」という要求を伝えるために、ことばが生まれてきます。１歳後半の半年あまりの時期に、２００〜３００語の話しことばを話せるようになると言われています。

ちょうど、その節の時期に「１歳半健診」があります。保健師さんは、小さな積木を使って子どもと遊んでくれるでしょう。まずいくつ積めるかをみようとします。しかし、子どもは「たくさん積もう」などと考えているわけではありません。ただ、積木を重ねられることがうれしいのです。子どもは、そのがんばりをおとなが受けとめてくれるかが関心事になるので、相手の心を確かめるようなまなざしを向けてくるでしょう。「がんばったね」ということばがうれしくて、一つ積むだけでは満足せず、「もっと」がんばって積んでみようとするのです。

しかし、どんなにがんばっても、途中で積木は崩れます。それはまるで、人生を象徴しているようです。子どもは驚き、慌て、悔しい気持ちになって、積木を放り散らかしてしまうかもしれません。お母さんにさしだして、代わりに積んでもらおうとするかもしれません。それでもあきらめない姿は、どの子にも見られます。「きっとだいじょうぶだよ」と励まされて、もう一度挑戦します。少し心配になって、今度は高く積むことはしないで、いくつも並べて作っ

写真24　①がんばって積木をたくさん積んだ。崩れそうな予感がするので、両手で慎重に積み上げようとする。②やはり崩れてしまった。びっくりして、お母さんにさしだして、代わりに積んでもらおうとする。「きっとだいじょうぶ」と励ましてもらったが、とても心配。③心配に負けずに、もう一度挑戦する。でも、高く積むことには少し臆病になって、背の低い積木の塔を並べて作る。自分への期待と現実との間で、心はたたかっている。

たりします。思いはあっても、その通りにはならない現実を前に、子どもも心のなかでたたかっているのです（写真24）。

それでいいのです。がんばりの心と失敗の悔しさは分かちがたく結びついた表裏の関係だからです。そんなときおとなに求められるのは、いつも子どもの心を信頼して応援することです。そのおとなの心との一体感によって、子どもはもう一度、挑戦をはじめることでしょう。今度は失敗しないようにと、まるで自分に言い聞かせるように、慎重に一つひとつを積み上げていくのです。立ち直り、それは素晴らしいちからです。

何が心の立ち直りの土台になるのでしょうか。積木を積んでいるときに、おとなと何回まなざしを交わそうとするかを数えてみると、1歳3か月ころから1歳6か月ころの子どもがとび抜けて多いのです。「もっと、もっと」というがんばりの心と失敗を怖がる心のはざまで、それを受けとめてくれるおとなに支えられて、子どもは発達の矛盾をのりこえていくのです。その一歩を重ねていくことによって、ある日、失敗に負けないで最後まで積み切るようになっていきます。

たとえて言えば、発達は小さな積木を積み上げるような苦労の積み重ねですが、その道のりがあるからこそ、山登りのように「胸突き八丁」を越えればパッと景色が開けて、新しい世界にとび出していくのです。それが発達の節をのりこえるということです(30〜31ページ参照)。

この時期の「自分でしたい」「おしごとしたい」という心を大切にしましょう。心のなかに「自分」という感覚をふくらませていくことによって、自分と向きあい、自分を変革するための「心のバネ」がつくられていくのです。

「自分で！　自分で！」「～ではない…だ」

スーパーでバギーから降ろしてもらおうものなら、目を輝かせて品定めし、指さしでお母さんに「ほしい」を伝えます。「だめよ」「あかん」などと言われると寝転がって、だだをこねるでしょう。家のなかでは、食べたいものがもらえるまで大騒ぎになります。「だだ（駄々）」とは「地団駄」が転じたもので、「地団駄を踏む」は、大きな鞴《ふいご》（金属を冷やすための送風器）を足で踏むことが本来の意味だそうです。子どもの悔しい思いが、よくこもったことばです。

1歳児は、目の前にあるものを要求するだけではなく、散歩の道も、遊びたいことも自分でイメージして決めたいのです。心のなかに選択肢をイメージするための2枚（「対」）のお皿が備わるようになり、そのお皿にいろいろなものを入れて、「こちらではない、あちらだ」「それではない、これだ」などと選びとるようになっていくのです。なのに、そのちからを発揮して自分で決めたことが受け入れられないと、悔しくて「だだこね」になるのでしょう（28～29ページ参照）。そんな時期なので、1歳半の子どもの心の特徴を、「～ではない…だ」と表現します（写真25）。

子どもは、心のなかにできた「対」の「お皿」を使って、「～ではない…だ」と「他者では

写真 25　「どちらにも同じに分けてね」と 2 枚の皿へ積木の配分をしてもらう。
① 2 枚の皿を見比べてから、右手で左の皿に入れる。②今度は右の皿に入れる。③右の皿に戻って、皿のなかの積木を確かめながら、おとなに伝えようとする。おとなの要求を受けとめた活動なので、そのことを共有しようとする。
1歳前半だと、はじめに入れた皿に残りの全部を入れようとする。1歳中ごろになると、左右の皿を確認しながら、入れ分けができるようになる。「〜ではない…だ」とあたまのなかで考えることができる1歳半の節の子どもたち。

写真 26　「○○ちゃんの！」と所有権の主張を強める子どもたち。この欲張りさがあるから、やがて「がまん」や「分ける」ことのほんとうの意味や大切さを知るようになる。

ない自分！」を意識するようになります。「自分で！　自分で！」という要求が強くなり、「自分の！　自分の！」という所有権の主張に明け暮れることになります（写真26）。友だちとのちからづくのぶつかりあいが絶えないのですが、それは、自分の要求をいっそう意識し、自我を確かにしていくために、意味のある経験でもあります。

この選択と要求の主体になる心のはたらきを「自我」と言います。まさに1歳半ころは、自我の誕生のときなのです。自我は、相手には相手の要求があることも意識しています。そのことがわかったうえで自分の要求を押し出しているので、自分と相手の関係を調整しようとする「構え」も芽生えてきているはずです。

しかしおとなは、すぐには言うことを聞いてくれません。それどころかおとなは、「だだこね」を前にすると、「置いていっちゃうからね」とおどしてみたり、困ったことにならないように、子どもの要求の先どりをしてしまったりするのです。

育児相談でも「だだこね」への対応の仕方が問われたりします。でも、おとなに求められるのは正しい「対処法」ではなく、その状況を受けとめること、そして子どもの思いの理由を考えようとすることだと思うのです。「見ちゃった以上はほしいよね」「白いごはんよりバナナの方がおいしいもんね」…。

おとなになっても、状況をドンとひき受けること、そして他者の思いを受けとめることは、ほんとうにむずかしく、ついつい「我」を張ってしまうものです。でも、すぐにことばを返してしまうのではなく、覚悟して受けとめようとしていれば、いつか状況や他者も変わっていくことも経験してきました。思えば私たちは、子どものころからすぐに「正解」や「正しい行動」を求められ、それができない自分を悲しく思いながら生きてきましたが、答えを出すことよりも、もっと大切なことがあったように思われます。

その答えを出す前の「間《ま》」が、子どもにとっては救いなのです。ただをこねていても子どもは、自分のその姿をよしとはしていないので、心を整えながら「和解のまなざし」を送ってくれるでしょう。そのとき、「今日は『お願い』を聞いてあげられなくてごめんね」と、素直な心で向きあいたいと思います。子どもは、そのことばを救いとして、ただこねから立ち上がるきっかけをつかんでいくことでしょう。

5 2、3歳の「気張りの時代」

「大きい－小さい」などの比べるちから

「一つ」だけではない「あれも、これも」と欲張りな心をもった1歳児は、「もっと（ほしい）」「いっぱい（ほしい）」「おっきいの（がほしい）」と言いつづけるようになります。実は、この欲張りな心に導かれて、心のなかの「〜ではない…だ」という「対」は、2、3歳になると「大きい－小さい」「多い－少ない」などと「比べるちから」になっていきます（写真27）。「比べるちから」は、「数《すう》」概念につながるとも言われています。確かに「大きい－小さい」などがわかりはじめる2歳になると、「一つ」と「二つ」がわかるようになり、そして3歳で「三つ」、4歳で「四つ」へと「数の理解」は発達していきます。

念のために述べますが、指で押さえて「一つ、二つ、三つ…」と数えることと数の理解は、違ったちからです。指で「一対

写真27　「どちらのマルが大きいですか?」。「大きい-小さい」「多い-少ない」などの対比がわかるようになるのが2歳中ごろ。「重い-軽い」「きれい-きたない」などのやや抽象的な対比がわかるようになるのが4歳。

一対応」させて数えることは、簡単にできるようになるでしょうが、「一つ」と「二つ」を区別し、違った「大きさ」をもつものだと理解しているわけではありません。数の理解は、「ひとまとまり」の大きさを理解することなのです。だから、自分にとっても他者にとっても意味のあるものとして、「一つ」「二つ」「三つ」などの違いが理解できるようになっていく「気づき」の経験が大切です。子どもは、たとえば「おやつ」を配り、「ごはん」の配膳を手伝う「しごと」を楽しむなかで、「数」の大切さに出会っていくでしょう。

この「比べるちから」が獲得されると、友だちに「かしてあげない」と言い張っても、おとなが「大きいのじゃなくて、この小さいの、かしてあげたら」などと心の整理を手伝ってあげると、ちょっとの我慢をしてくれるでしょう。欲張っているだけではない、少しの我慢ができるようになるのです（写真28）。

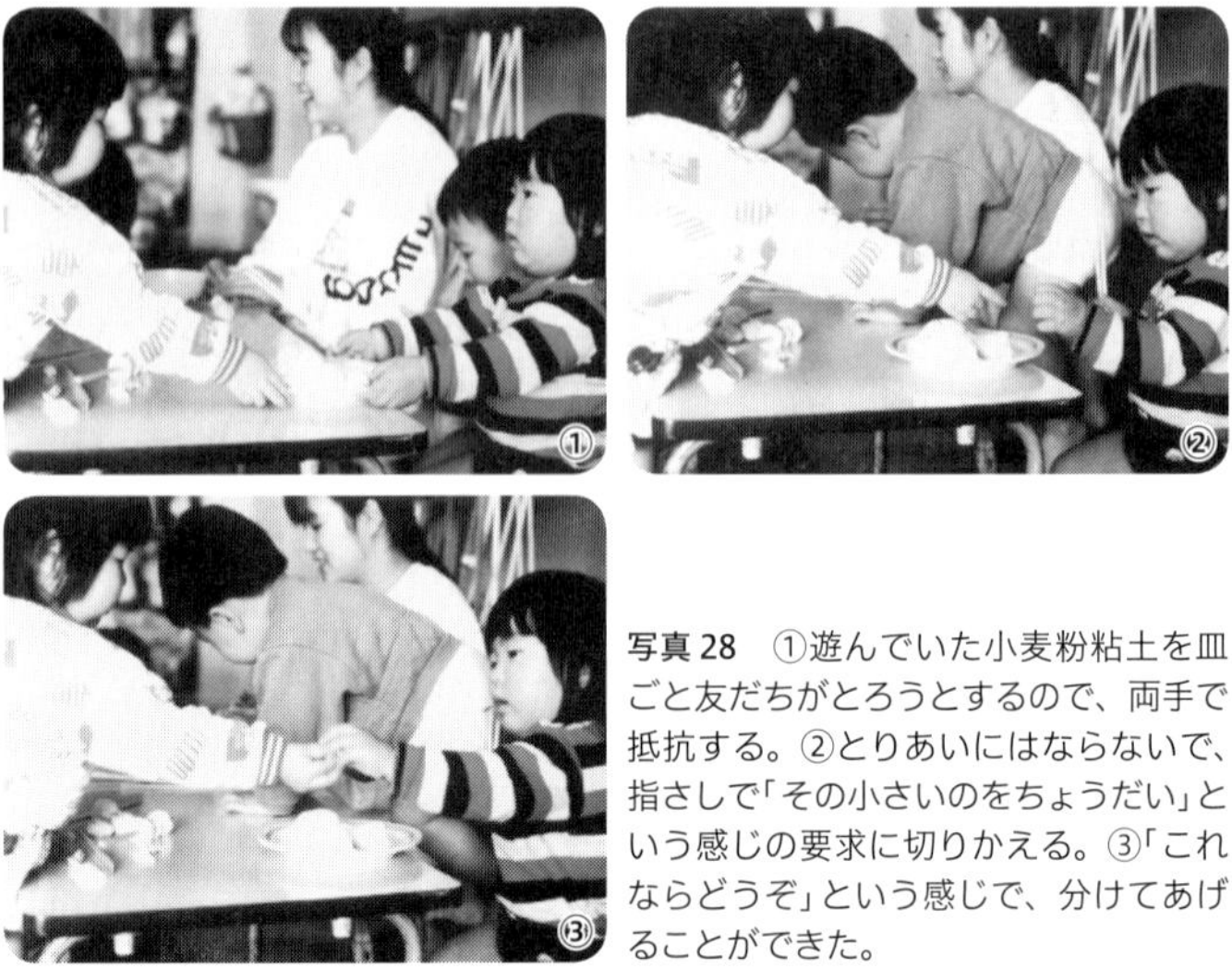

写真 28　①遊んでいた小麦粉粘土を皿ごと友だちがとろうとするので、両手で抵抗する。②とりあいにはならないで、指さしで「その小さいのをちょうだい」という感じの要求に切りかえる。③「これならどうぞ」という感じで、分けてあげることができた。

「比べるちから」のように、「わかる」という認識の発達は、世界のいろいろなことを理解するだけではなく、自分を理解し自分の心をコントロールするちからにもなっていきます。

大きい自分になりたい

「大きい－小さい」がわかるころ、不思議と自分より小さい友だちやあかちゃんに心ひかれるようになり、手をひき、着替えなどを手伝ってあげようとします。小さい子がびっくりして泣いてしまったりするのですが、本人は「おにいちゃんになりたい」「おねえちゃんになりたい」と願っているのです（32～33ページ参照）。

そんな前向きな発達の願いをもちながら、

写真29　①みんなが楽しそうに遊んでいる「かごめ・かごめ」がとても大きく見えて、気後れしてしまう子どもたちもいる。そこには、「大きい－小さい」の対比に自分を位置づけて臆病になる心が現れている。②それでも背を向けないで「指すい」をしながら、みんなの「かごめ・かごめ」を見ている。「入りたい－入れない」という矛盾と葛藤の心を支えてくれる「指すい」。

このころの子どもにはおとなを悩ますいろいろなことが現れます。一つは、「くせ」や「こだわり」です。指すい、爪かみなどが、70％以上の子どもにみられるそうです。人形が枕元にないと眠れない、寝るときに電灯を消したり、トイレに入るのを怖がるような姿です。もう一つは、大好きなおやつなのに「いらない」と背を向け、ほんとうは楽しい散歩なのに、「いかない」と意地を張る「反抗」の姿です。

おとなから見た「困ったこと」の多くは、子どもにとっても「困ったこと」の多い現実のなかで、そうするしかないという「心のメッセージ」です。自分の葛藤や不安を自覚し、ことばで表現できるなら、こんな表現方法は必要ないでしょうが、そうできないから、やめようとしてもやめられない「くせ」や「こだわり」、「反抗」が現れてしまうのでしょう（写真29）。

子ども本人にとって、発達の節をのりこえていくことは、よいことばかりではありません。周囲のことがいろいろとわかるようになると、新しい問いと悩みが生まれるのです。それは、「大きい自分になりたいけれど、なれるだろうか？」という自分への問いであり、「大きくなった私を認めてくれる？」というおとなへの問いでもあります。

そんな心をもっているので、「おやつ」や「お散歩」というすてきな誘いであっても、おとなの側に決定権があるような誘われ方には、「大きい自分」として自分で決めたい心が「反抗」してしまうのでしょう。

自分で決めることは、自分で活動を締めくくることでもあります。おとなは日常のなかで、「早くしなさい」「もうやめなさい」と何度も子どもに言ってしまいます。おとな同士の関係でも、相手のペースにあわせたり、辛抱強く待つことは、簡単なことではありません。子どもにたいしては、なおさらイライラしてしまうのです。

子どもは、おとなをイライラさせるために、行動を切り上げないのではありません。「大きくなった証《あかし》」に、自分で納得できるピリオドを打ちたいのです（写真30）。自分でシャツのボタ

写真30　①こんな高い階段は自分では下りられないと判断して、お母さんが抱きおろしてしまったので、大泣きしながら上まで戻ろうとする。②自分の足でやり直さないと納得できない。

ンをとめたい、からだを拭きたい、でもまだじょうずにできない。そんな姿を、覚悟を決めて見守れるでしょうか。「まあいいか」と大目に見てやることができるでしょうか。子どもは、おとなの「大きな心」から、他者を受けとめることのできる「大きな心」を学んでいきます。

つまり子どもがいろいろな「心のメッセージ」を発信しつつ願っているのは、「大きい自分」になりたいということです。大きい自分になれたと実感でき、そしていっしょに生活するものに、わがことのようによろこんでもらえたときに、子どもは葛藤や不安の支えであり、発達の矛盾に一歩踏み出すための準備体操であった「くせ」や「こだわり」から卒業していくことでしょう。

引っ込み思案

「比べるちから」の発達は、「大きい自分になりたい、でもなれるだろうか」にはじまり、いろいろな悩み、葛藤を生んでいきます。たとえば、友だち集団のなかに入ることを嫌がることがあります。保育所に通っている子どもは、「朝のあつまり」の「お名前呼び」で、返事をすることに臆病になったりします（34〜35ページ参照）。自分の「得手・不得手」を感じているので、ちょっと苦手な粘土や折り紙が今日の活動だと知ったら、机の下に入りたくなる子どももいます。朝、保育所や幼稚園に行くことを嫌がることもあるでしょう。

「比べるちから」の獲得が、「友だちのようにできるか」「おとなに認めてもらえるか」という不確実な自分への不安をひき出すことになったのです。だから、自分の不器用さを感じたり、そのできないことを見つめているおとなのまなざしが気になってしまうのです。

ちょうどこのころ、「3歳児健診」がやってきます。この健診では、積木を積むだけではなくて、「たて」と「よこ」を組みあわせて、手本と同じものを作るように促されます（図4）。「たて」と「よこ」を結びつけた「四角」などを手本通りに描くことも課題になります。「お名前は何ですか」と聞かれるだけで、お母さんの後ろに隠れてしまうほど他人《ひと》の目を意識し、それに応

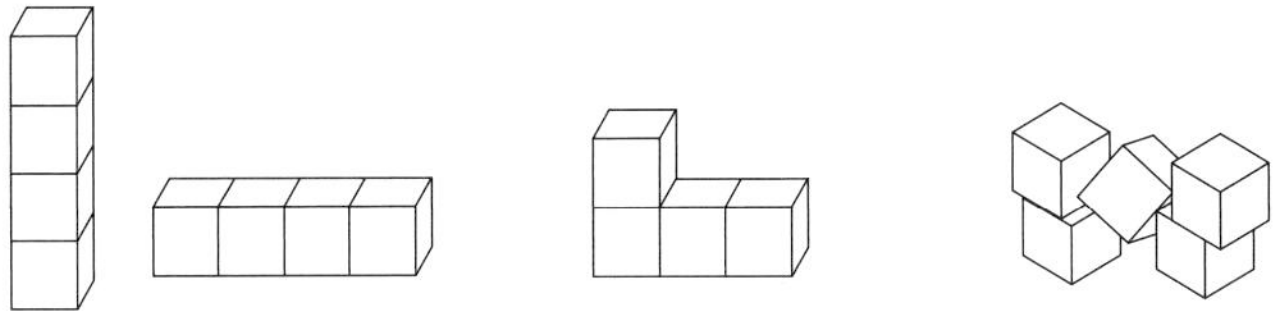

①「積む」「並べる」（1歳中ごろ）　②「トラックの模倣」（2歳中ごろ）　③「門の模倣」（4歳）

図4　積木構成の発達

えなければならない自分のことが心配なのです。だから、背中を向けてお母さんの膝の近くで何かを作りました。２歳のときにできた「トラック」を何度も作っていたそうです。きっと心のリハーサルをしていたのでしょう。そして短くない時間を過ごして、自ら机に戻って積木を作りはじめました。でも、自分の不確かさゆえに、お母さんの指に思いを託して作ろうとするので、積むことしかできなかったのです（写真31）。

この場面を「テスト」としてみれば、「できなかった」という事実が残るだけです。しかし、子どもの心の軌跡をたどれば、他人の意図を受けとめて自分なりの道をつくり、せいいっぱいがんばろうとしているのです。それは、「回り道からの挑戦」となり、ずいぶんと時間がかかります。でも、発達の節をのりこえていくための「気張りの時代」の真っ只中にいることを表現しています。「気張り」とは、心のなかで自分を

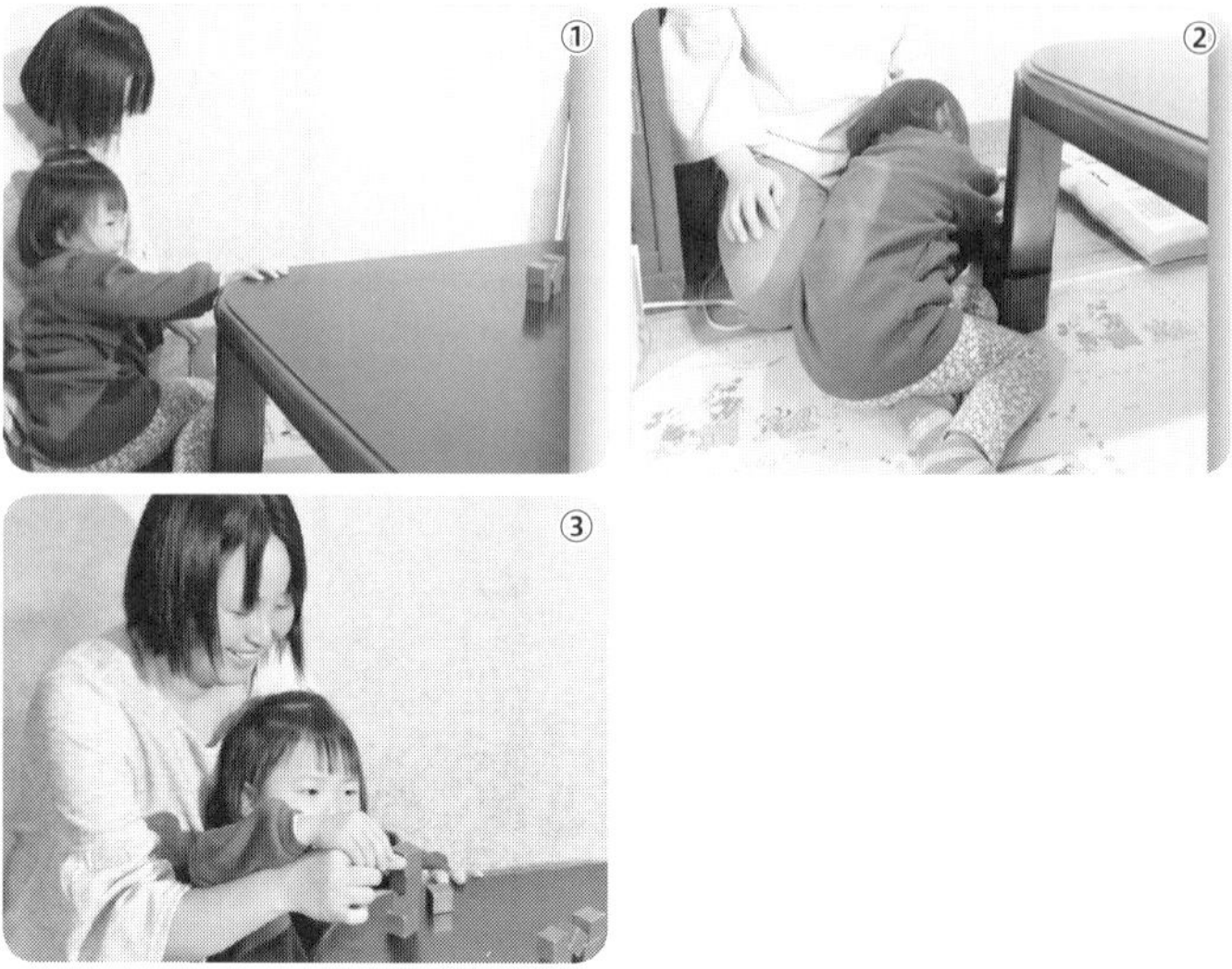

写真31　① 3歳児にはずいぶんむずかしい「門」の手本を提示されてお母さんにしがみつく。でもまなざしは、その手本から離れない。②与えられた自分の積木を机の上からお母さんの膝のところに抱えていく。2歳のころ作った憶えのある「トラック」を何度もつくる。心のリハーサルをしているようだ。③そうして机に戻り、「門」に挑戦しようとする。しかし、お母さんの指を使って作ろうとするので、積むことになってしまった。こういった「心のリハーサル」や「心の緩衝材」を大切なものとして受けとめられる度量をもって、子どもと向きあいたい。

励ましがんばろうとすることです。

すでに述べたように、発達の節には「胸突き八丁」というべき上り坂があります。3歳は、まさにそのときです。発達への願いが高まり、自分の現実との「ずれ」が大きくなるときには、「こだわり」が現れたり、「甘え」「反抗」「あかちゃん返り」が強くなったりします。そんなとき子どもは、自分への「情けなさ」とともにありながら、「気張りの時代」を生きているのです。

おとなの世界では「勝ち組－負け組」「強み－弱み」などということばが当たり前のように使われ、「強い」ことが人間の価値の表現になっています。でも、おとなが今、子どものころの自分を思い出して、勝ち誇っている自分と悲しみに打たれている自分のどちらを愛せるかを、心にたずねてみたいと思うのです。

思い通りにならない自分の現実と向きあいながら、子どもは発達の歩みをやめようとはしません。発達の節をのりこえるための「胸突き八丁」を、歯を食いしばりながらのぼりきろうとしているのです。そのとき、子どもにとって情けないのは、自分の内なるたたかいをおとながいっしょにひき受けてくれないことです。友だちのようにできなくても、教室のなかに入れなくても、無条件の共感によって抱きとめてくれるおとなの胸のなかで、子どもは自分のことを愛せるようになるのではありませんか。

6
「4歳の節」から5歳へ

「光輝く4歳児」「〜だけれども…だ」

3歳は、「大きい自分になりたい」願いから生まれた発達の矛盾をのりこえていくときです。「無条件の共感」によって支えてくれるおとなと絆をむすび、ともに矛盾をのりこえるなかまがいることを知り、一人ぼっちではないことを心にきざんでいきます。そこで子どもが得た心の深み、人との絆、そして気張りの心が、次の発達の段階を歩んでいくちからになるのです。

「光輝く4歳児」といわれるのは、こんな矛盾を経験してきたからです。だから「はじめてのおつかい」「はじめてのお留守番」に挑戦できるのです。そして、人前で親が恥ずかしくなるほど汚いことばを連発するのも、そんな自分を誇示している姿でしょう。おとなが慌てると、いっそううれしくなります。おとなの問いにわざとまちがえて、相手を翻弄《ほんろう》することもあります。

4歳児は、「大きくなった自分」を表現したい、それを認めてもらいたいという自尊心をふくらませています。一方的に自己主張する強さだけではなく、親とも友だちともぶつかりあいながらも、自分をコントロールする心をもちはじめます。他者のことばと心を聞き取り、自分のなかで葛藤しつつ相手とちからをあわせていこうとする、「しなやかさ」が生まれているのです。「くやしいけれども、がまん、がまん」と自分に言い聞かせているような表情を、見せるときもあるでしょう。「さびしいけれどもがまん、がまん」と涙ぐみながら、こらえる姿もあるでしょう。こんな4歳の心を「〜だけれども…だ」と表現します（38〜39ページ参照）。

心のなかのことばを「言いたいのに、言えない」で、行動で表現するしかなかった3歳児の姿がうそのように、4歳児はいろいろなことを語りはじめます。溢れる思いをいっぱい話したいので、ついついことばは先走り、上すべりになるかもしれません。「あのね、えーとね」の羅列を聞いていると、おとなはみんなイライラしてきます。

しかし、「早く言いなさい」「ちゃんとしゃべりなさい」は禁句です。誰よりも子ども本人が、「早く」「ちゃんと」と思っているのに、そうできないからこそ「あのね、えーとね」をたくさん使わざるを得ないのです。吃音《きつおん》の傾向になったり、人前でお話できない子どももいます。

3歳の大きな矛盾をのりこえてきた子どもに、新たな矛盾の解決をすぐに迫るよりも、伝えたいことがいっぱいある心に耳を傾けたいと思います。じょうずにお話できなくても、お話したい心に笑顔で応えたいと思います。そしておとなは、子どもの心を「聞き取ること」の大切さを知るのです。

自分のことをほめてやりたい

4歳児は、「本物の経験」によって人間の生活や文化を学んだゆえに、「おとな」になったと認められたいのです。新しい発達への願いをもつことは、常にそうならない自分の現実と向きあうことを子どもに求めます。一つの発達の矛盾をのりこえたことは、また新しい矛盾を子どものなかにひき起こすのです。

「はじめてのおつかい」への挑戦でも、さびしくて、こわくて、ずっと涙がこぼれそうです。お母さんのもとに帰れたとき、大泣きしてしまうかもしれません。お母さんに頼まれて、ピーラーでジャガイモの皮をむいたのに、「ここもきれいにむいてね」と言われたら、自分でもわかっているから、自尊心はペシャンコになります。大泣きで、お母さんの心ないことばに抗議するでしょう。

4歳は本物の「大きい自分」になりたいので、思い通りではない自分の現実のことは、それまでよりもずっとよくわかっているのです。だから「ほめて育てる」は、子どもの心には通用しません(40〜41ページ参照)。発達の節の「胸突き八丁」でどうがんばってきたのか、子どものたどってきた発達の道すじをたどって、「ピーラーを動かすとお芋さんをじょうずに持てなかったのに、どっちの手も動かせるようになったね」と、語りたいと思います。

子どもは、「ほめるに値する自分」であることを実感し、そうすることによって自分への信頼を確かにしていくのです。行動の結果の善し悪しではなくて、「〜だけれども…だ」という心のなかのがんばりを認めてくれる人間関係によって、「ほめるに値する自分」を心のなかにきざんできたからです。

きっと保育所や幼稚園では、「『むかし』はできなかったのに、がんばったからできるようになった」などと、友だちとも「誇らしさの共感」をするようになっているでしょう。みんないっしょに発達の矛盾をのりこえてきたのですから。

7

幼児期から学童期へ

「中くらい」の発見

4歳児は、ことばが「聞き取られている」やさしい雰囲気のなかで、ことばを探し、つないで、「すじ道」をつくって話すようになっていきます。口から出ることば(外言)ではなく、心のなかで自分とお話するようなことば(内言)も生まれてきます。そのちからがいっそう確かになるのは、5歳児、つまり保育所・幼稚園の年長組になってからでしょう。それが、「すじ道だてて考え表現するちから」です。

「きのう・きょう・あした」「去年・今年・来年」、そして「遠いところ・近いところ・中くらいのところ」などという、時間や空間の流れを説明することばも、このころから使えるようになります。3、4歳は、「大きい－小さい」などの「比べるちから」で世界を理解していたのが、そこにもう一つが加わって、「大」「小」「中」という三つの単位で理解するようになります。だから、「赤と白を混ぜたらピンクになる」と言いながら水彩絵具を使うことが楽しくなったり、きれいな夕焼けや雨上がりの虹の色彩の美しさに魅入るようになります。「話しことば」が誕生する生後10か月ころは、命あるものへのセンサー、「書きことば」が誕生する5歳は、自然のなかにある不思議さへのセンサーがはたらきはじめるのです。

「お父さんとお母さんと、どっちが好き？」などと訊ねられたとき、4歳ならば「お母さん」などと正直に、あるいは裏を返すように答えるのですが、5歳になったら「それはむずかしい質問だと思うよ」などと言うのです。単なる対比では表現できない心の世界があることを意識し、それゆえに周囲への配慮もみせるようになります。

すじ道だてて考え表現するちから

子どもは、「すじ道だてて考え表現するちから」を発揮することがうれしくて、それを自分で鍛えるように地図や迷路を夢中で描くようになります。地図は、まさに「すじ道だてて考え表現するちから」の発揮です。地図が書けるようになるころ、文字を画《かく》に分解したうえで、さらに組みあわせて理解し、読み・書きもできるようになります。短い手紙文もがんばって書こうとするのです。

5歳の後半は、それまでの「話しことば」を土台にして、「書きことば」が生まれてくるときです。就学を控えているので、おとなは読み書き、数や計算の学習を急がせたくなります。確かに小学校での学習の土台になるちからは育てておきたいものですが、それが、読み書き、数や計算の初歩であるとはかぎりません。

このことを考えるときには、「発達」と「学習」の違いを意識することが大切です。経験によって新しい知識・技能・行動などを習得していくことが学習です。「できないことができるようになる」ことが増えるという「量の変化」といってもよいでしょう。

発達とはそのような学習の積み重ねのなかで、身体や心の機能（はたらき）が変化していくことです。それは、一つひとつの習得ではなくて、その土台になるちからのレベルが「質の変化」をしていくことです。「できるようになる」ために、外界にはたらきかけて、自分のなかにとりこんでいくための手や足や口のはたらきとなる「基本」（土台）のちからのことです。それは、自分にもはたらきかけて、自分を変革していくちからでもあります（49～50ページ参照）。読み書き、数や計算などの学力・技能の習得は大切なことですが、それに偏りすぎないで、発達のちからがたくましく、豊かになっていくような生活でありたいと思います。

5歳は、文字の習得の前に「話しことば」や絵という幼児期の大切な手段を使って、「伝えたいことがいっぱいある」という表現の世界を豊かにしていきます。ワクワクする絵本が好きだから、ストーリーを繰り返したどろうとします。そのなかで、「すじ道を理解する」「すじ道をつくる」ちからが育つでしょう。そのちからによって、外界を理解し、経験したことをよろこび勇んで表現し、内なるイメージの世界を広げていきます。「書きことば」の土台の発達です。

変わりゆく自分を感じる

「すじ道だてて考え表現するちから」によって、子どもは自分と向きあい、時の流れのなかでの自分を理解するようになります。「去年は、いつも泣いていたのに、わたし、泣かなくなったでしょう」「年長さんになってから、ぼくオネショしないよね」などと成長した自分に気づき、おとなに同意を求めてくることがあります。自分の心のなかでその事実を繰り返し想い返して、幸せな気分になります。

変わってきた自分をわかることは、これからの時間での自分の可能性を感じることでもあります。そんなときなので「勝ち負け」や「順位」が子どものなかでの重大事になります。どんなことでも一番になりたくなり、早いことはいいことだとばかりに、給食の早食い競争に興じることになるのです。ときに、「オレの家は、5だぞ」などと、自分の家の部屋の数や家族の人数を自慢しあったりするでしょう。

だから、なかまに遅れを取るようなことがあると悔しいのです。保育所から帰ってきて、おとなが夕食の準備に忙しい時間に、一人で黙々と走り縄跳びの練習をしているようなことがあります。「一番になるばかりが大切じゃない」「早いばかりがえらいのではない」とおとなが格言めいたことを言っても、この時期の子どもの心にはうつろに響きます。「一番」や「早い」よりもすてきなことがあることは、子ども自身が時間をかけて、なかまのなかで学びとっていくものですし、またそうであってほしいと思います。

「学びとっていく」ために、子どもの願いのために、いっしょにがんばってみたいと思います。そうしてがんばっても、一番にはなれない現実はたくさんあります。けれど、がんばったから「だんだん大きくなった」のです。そして、なかまもみんな「だんだん大きくなった」のです。自分ばかりではなく、なかまの一人ひとりが、その子らしくがんばったことに、感動と愛情をもって向きあえる人格へと、育ってほしいと願います。

それは子どもに望むことではなく、おとなが感動と愛情をもち、分け隔てなく子どもたちと向きあっているかということでしょう。子どもは、他でもない身近なおとなの心のありようを手がかりとして、人間を大切にするとはどういうことか、ほんとうの愛情とは何かを、知っていくのです。

「一人はみんなのために、みんなは一人のために」

5歳児は、いっしょに楽しく遊んでいても、「もうお母さんとは遊んであげない」などと言ったりします。保育所では、先生にないしょで園庭の片隅でイモムシを育てたり、散歩の途中で先生の目を振り切って冒険しようとします。園の倉庫を「ないしょの部屋」にして、ちょっとおとなびた話をしたりします（写真32）。帰宅後は、なかまといっしょに遊ぶ約束をすることがうれしいのです。「ドンジャンケン」のしかたを自分たちで話しあい、工夫したりして、知恵を出しあうよろこびを感じるようになります。「だんだん大きくなった」ことを一番に感じられるのは、このような「子どもだけの世界」をつくる場面です。

写真32　①女の子。心が一つになるアイドルの世界。②男の子。イモムシを育てる砂場の世界。

そんな日常のなかで、「気があう」ということの意味を実感しはじめ、遊びや話題の共通するなかまを特別に意識するようになります。だから、「男遊び」「女遊び」がつくられていくのでしょう。

「気があう」友だちを意識するようになると、当然なかまに入れてもらえるかどうかが子どもにとっては気がかりなことになります。なかまのなかで、約束を守らなかったり、相手を尊重できないことがあると、けんかが絶えません。

その一方で、一人で悲しい思いをしているなかまを見つけると、「どうしたの」とそっと寄り添う子どもがいます。けんかしてしまった二人をみつけたら、それぞれのところにいって互いの「言い分」を聴き取り、仲直りするための方法を提案したりします。ケンカした二人でも一つになれること、意見は違うことがあっても、きっと同じになれることを、子ど

写真33　「大きい自分」になりたい3、4歳児は、ちからづくで小さい子を引っ張ったりするが、5、6歳になると、小さい子の心にそうことができるようになる。視点を他者に転じて、自分のなかにある「やさしさ」を知るようになる。

もは知っているのです。なぜなら、「対比」という3、4歳の発達をこえて、その「中間」があることを知りはじめた子どもたちなのですから。

それは、他者に視点を移して、他者の側に立ってものごとを考えられるようになることでもあります。あかちゃんには、その目の高さに下りていき、怖がらないように距離をとってやさしく語りかけます（写真33）。自分のつかんだ「こつ」は、相手がわかりやすいように、ていねいに伝えようとします（写真34）。ほんとうの意味で、教えたり、導いたりできるようになっていくのです。

それは、「違っても同じ」がわかる人間理解の大切な節目を迎えている姿です。人間は、「一人ひとり」みんな違うけれども、人間として同じであり、みんな大切にされなければならないという意識の芽生えでもあります。このとき、おとな

写真34　自分が大切にしている「こつ」を年少児に伝授する。そんななかで「すじ道だてて考え表現するちから」も育つ。

の価値観を押しつけて「協調することが大切です」「弱い子にはやさしくしましょう」などと「道徳」を学ばせようとするのではなく、自分のなかにあるやさしさ、なかまのなかにあるやさしさに気づいていくきっかけを大切にしたいと思います。

保育所・幼稚園ではけんかが絶えず、なかまとちからをあわせてがんばることには程遠い日常もあるでしょう。それでも5歳クラスである年長組の行事は、子どもに任せてみたいと思います。発表会でも運動会でも、子どもの思いを中心にしてテーマやシナリオを考えてみてはどうでしょうか。大道具、小道具も、子どもが自分たちで作りあげたと思えるようにしたいものです。

一人ひとりの子どもには、願いがあります。クラス集団は、なかまのなかで願いを「聞き取られる」場であってほしいと思います。願いと願いの間の「ずれ」を大切なこととして受けとめて、それをよりあわせるためにどうしたらよいかを、子どもたちとともに考えましょう。そのときおとなは、子どものことばを大切に拾い、子ども同士の議論が実を結んでいくように支えを入れる「黒子」の役割です。

「一人はみんなのために、みんなは一人のために」。そのことのほんとうの意味を感じ取って、なかまとともに、ちからをあわせて生きていってほしいと思います。そして社会が、すべての人を大切にするすてきなものになるように、なかまとちからをあわせる存在になってほしいと願います。

8 「発達の舞台」は日常のなかに

「発達の道すじ」を知ることは、発達をはぐくむ「ゆりかご」である生活と、生活を守る「家」である社会のあり方を考えることにつながります。

「お母さん、お父さん、たくさんの能力やよい態度を身につけなければ安心な人生を送れないから、がんばって伸ばしてやってください」と言われることもあるでしょう。多くの場合には、この文脈においてのように、「できることが増える」「目に見えてよくなる」という意味で「発達」は理解されています。人間のありようを、上下、高低、優劣ではかるような単線系の意識に支配された社会のあり方が、教育や保育に携わる人たちに、そのように理解させ、言わせているように私には思えます。

「発達の道すじ」には節があり平たんではないので、どの子でもつまずいてしまうときがあります。そんなとき、早く起き上がることを求めたり、「手取り足取り」や「褒めたり叱ったり」を繰り返すおとなにたいして、子どもの心はひいてしまいます。そうではなくて心が前に動くからこそ、子どもは自分で立ち上がり歩み出すのです。そのとき子どもの前には、子どもにとってのすてきなこと、自分の未来への希望があります。幸福を感じるからこそ、子どもは歩もうとするのです。

健康であれば、私たちはいろいろな経験をし、たくさんのことを学んでいきます。しかしそんな私たちも病や障害を負い、自由ではない生活のなかに身を置くこともあります。そのとき、日常の小さな一つひとつのこと、たとえばみんなで味わう食事のあたたかさやおいしさ、歌を口ずさむよろこび、窓から見る空の青さ、仲間のやさしさや大切さを感じて、それまでとは違った幸福のあり方を感じるでしょう。そして子どもも、ゆっくりと流れる日常において、幸福を求めつつ生きていることに、今さらながら気づくのです。

おとなも子どもとの日常に、ささやかですが確かな幸福を感じ、そのことを通して子どものかわいらしさ、子どもへの愛情を感じる瞬間があるはずです。そんなときをもっと大切にして、わが子にとっての幸福とは何かを問いながら、ともに発達の道を歩いていきたいと思います。そこに発達の舞台が作られていきます。

子どもにとっての幸福とは何か、「発達の豊かさ」とは何かを理解する目を、私たちは最初からもっているわけではありません。おとなも、大切なことを学びあい、独りよがりにならずに語りあい、わかりあうなかで、新しい自分を創りながら、おとなとしての発達の道すじを歩いていきたいと思います。

本章が、その一助になれば幸いです。

エピローグ

子どもを愛すのは、たやすいことではありません。それでも子どもを愛せるのはなぜでしょう。その愛情はどこから生まれ、そして何にたいして向けられるのでしょう。

「どんぐりと山ねこ」は、宮沢賢治（1896-1933）の生前のただ1冊の童話集『注文の多い料理店』（1924）の巻頭に収められた25歳のときの作品です。

「かねた一郎」少年のところに、「あした、めんどなさいばん（面倒な裁判）しますから、おいでんなさい」という「山ねこ」からのちょっと変な文のはがきが届きます。一郎がワクワクして出かけた山の草地に集まったのは、いろいろなどんぐりでした。山ねこ裁判長は、毎年どんぐりのあらそいで苦しんでいるというのです。一郎は、ご意見番として招かれたのでした。「頭のとがっているのがいちばんえらい」「まるいのがえらい」「大きなのがいちばんえらい」「せの高いことがえらい」。こんな言いあらそいが終わりません。

一郎は山ねこに意見を請われて、「このなかでいちばんばかで、めちゃくちゃで、まるでなっていないようなのが、いちばんえらい」と笑って答えました。どんぐりたちは、しんとして、かたまってしまいました。

宮沢賢治が農学校の教師になる少し前に書かれたもので、教師としての自分の原点を記そうとした思いが感じられます。賢治の時代も、そして今も、子どもは「えらい」人になることを期待され、自分もそうなりたいと思って頑張っています。それがほんとうに幸福なことなのかを、賢治ばかりではなく、きっと多くの人は問いつづけながら生きています。

「どんぐりと山ねこ」では、「えらい」ものになることが人の生き方ではないという、競争する社会への反論として、一郎のことばが語られたのでしょうか。それだけではなくて、自分が「えらい」と言いあうどんぐりの傍らに、身をひそめて小さくなっているどんぐりがきっといることを、賢治は想っていたのでしょう。そのどんぐりのことを賢治は愛していたのだと私は思います。事実、「どんぐりと山ねこ」にはもう一人、山ねこの馬車別当《べっとう》（馬の飼育係）が登場し、一方の目が見えず、身体は「奇体」であり、文もじょうずには書けない存在として描かれています。だから馬車別当は、「あのぶんしょうは、ずいぶんへただべ」と、山ねこの代筆

Komugi

で書いたはがきのことを、とても気にしていたのです。でも、馬車別当は山ねこが暮らしやすいように、いっしょうけんめいに働こうとしていました。

賢治は、重荷を背負っていても正直に生きる存在を慈しみました。「どんぐりと山ねこ」と双璧をなす作品に「虔十公園林《けんじゅうこうえんりん》」（1934）があります。虔十は縄の帯をしめていつもはぁはあと笑っている、当時のことばで「ちょっとたりない」と言われていた少年です。しかし、父も母も、そんな虔十を愛していました。虔十も、父母のことを思って田畑で働きつづけました。その虔十が一生にたった一度、父母にお願いしたのは、杉の苗を育てたいということでした。虔十はチフスにかかって、死んでしまいます。しかし、彼が残した杉畑は、清々しい杉並木になって、たくさんの子どもが幸福そうに遊ぶ公園になりました。父母は、どんなに言われても虔十の残した宝物として、その杉を切ることはしなかったのです。「だれがかしこく、だれがかしこくないか、わかりません」と物語は結ばれます。

「No.1にならなくてもいい　もともと特別なOnly one」と歌われる「世界に一つだけの花」が、みんなに歌われています。「そうさ　僕らも　世界に一つだけの花　一人一人違う種を持つ　その花を咲かせることだけに　一生懸命になればいい」（詩曲・槇原敬之、歌・ＳＭＡＰ）と口ずさむとき、勝ち負けや順位や他人の目に縛られてきた日常から自由になって、「世界に一つだけの花」である自分のことや友だちのことを想うことができるからでしょうか。すべての存在にオンリーワンとしての花芽はあり、その花を咲かせる生き方はすてきだと私も思います。

でも、こうも思います。そうやって自分と向きあうこと、そして「世界に一つだけの花」を探すことは、相当に苦しいことなのではないか、いっしょうけんめいに咲かそうとすることは、もっと苦しいのではないか。そして人生の途上で気づいてみれば、「花」を見つけ咲かすこととはほど遠い現実のなかにあったりします。それどころか、社会の理不尽や不意な重荷の下で、苦難に耐えかねる現実を強いられることもあるのです。

そんな日常にあっても人は、生きることをやめず、いっしょうけんめいに働き、自分を愛するだけではなく人を気遣い、手をさしのべ、つなぎあって歩もうとします。花木をはぐくむ土や水や空気や陽光のように、ただそこにあって生きることも、また私たちの生活であり人生なのです。

しかし、それをよしとする心境にはなれず、いつも私たちは自分の現実を嘆いています。賢治も、作家を志しつつ、その作品のほとんどは生前には認められず、大きなトランクいっぱいの原稿を悔しい思いとともに抱えたまま、「雨ニモマケズ」を手帳に書き残し、37歳で重い病になって風のように去っていきました。

「雨ニモマケズ」で「サウイフモノニ　ワタシハナリタイ」と願ったのは、「アラユルコトヲジブンヲカンジョウニ入レズニ」「慾《よく》ハナク　決シテ瞋《いか》ラズ　イツモシヅカニワラッテヰル」「ミンナニデクノボートヨバレ　ホメラレモセズ　クニモサレズ」という存在でした。なんとか作家として身を立てたいと願いながら、嘆き苦しんでいる賢治自身の、自分に言い聞かせていたことばのように私には聞こえます。

賢治もそうであったように、自分の現実への嘆きがあるゆえに、そして達観した「善き人」にはなれないからこそ、心のなかに「そういうもの」を求めて生きたいという願いが、キラキラと光る結晶のようにつくられていくのだと思います。その心が創り出すものこそが美しいと、私は感じるのです。

子どもは、その発達の道すじで、発達への願いはあれど思い通りにはならない自分の現実と向きあって、ときに転び、泣きながら立ち上がり、歩んでいこうとしています。その涙を流している小さな心を、私たちはそっと抱きしめることができます。「えらい」人にならなくても、これからを生き抜いていく一人ひとりの人生は、矛盾と葛藤に満ちているゆえに、すべて美しいのだと思います。私たちおとなも、そうやってここまで歩いてきたのです。

子どもの涙を、あたたかい手のひらでぬぐってあげてください。子どもが何ごとかに失敗し、悲しい思いをしているときには、心のなかでいっしょに泣いてあげてください。

子どもの涙が孤独な涙で終わるのではなく、それを両手のひらで受けとめるように抱きとめてくれる人がいること。そのとき、愛されることを知るゆえの真実の愛情が、子どもの心にはぐくまれていくように思えるのです。

＊

今から30年近く前、私は『発達の扉・上下巻』（かもがわ出版）という写真とことばで発達を解説した本を出しました。この本は、今日でも書店の棚にあると聞きました。その後、いくつかの本も上梓しましたが、改めて読み返し、その時期のせいいっぱいの努力であったことを想いつつ、その努力が読み手のみなさんの願いに応えようとするものであったかを疑うのです。

そこで書かれている発達の姿が、私のあたまのなかで構成されたことばによって表現されているのではないか、そのために長い説明を必要として、本も分厚いものになってしまったのではないか。

発達の姿も、発達の道すじも、私が書くのではなくて、子どもが書いてくれるのではないか。そういうふうに書けばよいのではないか。私は子どもの発達の同伴者として、折々に子どもやお父さん、お母さんから教えられた発達と人生を書いていけばよいのではないか。そう考えるようになりました。だから発達を学ぶというよりも発達への思いを共有しようとする本になりました。

本書が「ちいさな本」にこだわった理由はそこにあります。どうか子どもを育てる人の手から手へと手渡されていく本になりますように。この本に生命を吹き込んでくださるのはあなたです。

＊

本書の第1章は、「常に子どもの心に聞きながら　どの子にも健やかな発達を保障するために、おとなが大切にしたいこと」『ちいさいなかま』２０１８年８月号。第２章は、「子どものねがい・子どものなやみ」『しんぶん赤旗日刊紙』２０１９年7~12月連載に拠りました。また、「子どもとともに発達の道を歩きたい」『みんなのねがい』２０２０年４月号の趣旨を

第3章に生かしています。その他は、書きおろしです。

写真は、21、23、27、29、31、33、35、37、39、43、49、64〜73、81、86、87、104〜106ページは、『発達の扉・上——子どもの発達の道すじ』（かもがわ出版、1994）、41、43、47ページは、『改訂増補版　子どものねがい・子どものなやみ——乳幼児の発達と子育て』（クリエイツかもがわ、2013）、53、59、78、89ページは、『やわらかい自我のつぼみ——3歳になるまでの発達と「1歳半の節」』（全障研出版部、2011）からの引用です。その他は、撮りおろしです。すてきな写真を提供してくれた龍谷大学白石ゼミの卒業生とその仲間の子どもたちに感謝します。

＊

本書への私の思いをくみとり、出版をこころよくお引き受けいただいたクリエイツかもがわ社長・田島英二さん、そして伊藤愛さんに、深い感謝を捧げます。田島さんには、駆け出しのころ、『発達の扉・上——子どもの発達の道すじ』（かもがわ出版、1994）、『発達の扉・下——障害児の保育・教育・子育て』（かもがわ出版、1996）の編集をしていただきました。この本が、私のすべてのはじまりでした。伊藤さんには、『改訂増補版　子どものねがい子どものなやみ——乳幼児の発達と子育て』をはじめ、いつも拙著をていねいに仕上げていただいています。ほんとうに、ありがとうございました。

文・写真 | 白石正久（しらいし まさひさ）

1957年群馬県生まれ
京都大学大学院教育学研究科博士後期課程研究指導認定退学
障害児の発達診断、障害児教育専攻
龍谷大学名誉教授
著書に
『発達の扉 上・下』かもがわ出版（1994・1996）
『発達とは矛盾をのりこえること』全国障害者問題研究会出版部（1999）
『やわらかい自我のつぼみ』全国障害者問題研究会出版部（2011）
『子どものねがい・子どものなやみ 改訂増補版』クリエイツかもがわ（2013）
『障害の重い子どもの発達診断』クリエイツかもがわ（2016）
共編著に
『「この子の願いをわかりたい」からはじまる療育』かもがわ出版（2014）
『新版・教育と保育のための発達診断・下』全国障害者問題研究会出版部（2020）

発達を学ぶちいさな本
子どもの心に聴きながら

2020年12月15日 初版発行
2024年 2月 1日 第6刷発行

発行者 田島英二
発行所 株式会社 クリエイツかもがわ
〒601-8382 京都市南区吉祥院石原上川原町21
電話 075(661)5741 FAX 075(693)6605
ホームページ http://www.creates-k.co.jp
メール info@creates-k.co.jp
郵便振替 00990-7-150584

印刷所 モリモト印刷株式会社

ISBN978-4-86342-298-8 C0037 printed in japan

日本音楽著作権協会(出)許諾第2008104-001号